普通高等学校学前教育专业系列教材

蒙台梭利教学法

主　编　杨澄耐　陈丽梅
副主编　魏鹏艳　梁　芳　和晓婷
编　委　（按姓氏笔画排列）
　　　　尹艳波　龙　彦　刘秋梅　杨澄耐　杨秀梅
　　　　杨澄新　陈亚希　陈凌霄　陈　香　陈丽梅
　　　　李世洁　李启燕　张琪瑶　张洁琼　金慧玲
　　　　和晓婷　和霞梅　和祖慧　施丽红　赵婷婷
　　　　柳晓露　唐　菲　黄　平　黄晓霞　梁雅轲
　　　　彭元菊　魏鹏艳　魏诗航

复旦大学出版社

内容提要

本书围绕蒙台梭利教学法展开，核心内容涵盖其基本理论与实践应用。介绍蒙台梭利生平及教育理念，如儿童观、教师观、教学观等，强调儿童的发展是在工作中实现的，并存在发展敏感期。本书详细阐述蒙台梭利教学法中关于日常生活、感官、数学、语言、科学文化等领域的基本内涵，教学内容与方法，配套提供丰富、具体的操作案例和视频。本书还涉及蒙台梭利教学法在特殊教育和家庭教育中的应用，以及在中国的本土化实践与发展。通过理论学习、案例示范与实践训练，为学生提供全面指导，助力提升教育质量，促进儿童成长。

本书配套资源丰富，含有大量活动案例、实操视频、课件、习题答案等，可刮开书后二维码涂层，微信扫码后按提示操作，登录"复旦社云平台"(www.fudanyun.cn)查看、获取。

本书适合学前教育专业、婴幼儿托育专业、早期教育专业等相关专业学生学习，也可作为托育机构、幼儿园以及其他机构管理人员、保健人员以及教师的参考用书。

复旦社云平台
数字化教学支持说明

为提高教学服务水平，促进课程立体化建设，复旦大学出版社建设了"复旦社云平台"，为师生提供丰富的课程配套资源，可通过"电脑端"和"手机端"查看、获取。

【电脑端】

电脑端资源包括PPT课件、电子教案、习题答案、课程大纲、音频、视频等内容。可登录"复旦社云平台"（fudanyun.cn）浏览、下载。

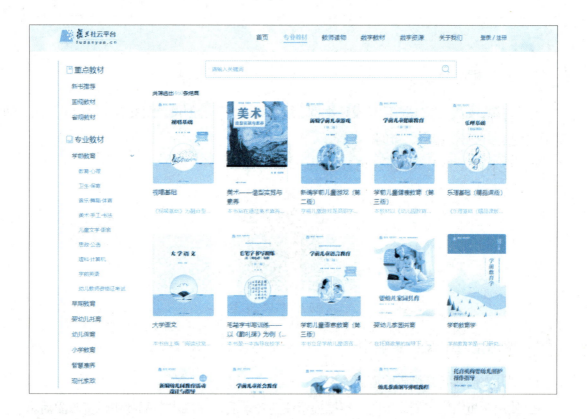

Step 1 登录网站"复旦社云平台"（fudanyun.cn），点击右上角"登录／注册"，使用手机号注册。

Step 2 在"搜索"栏输入相关书名，找到该书，点击进入。

Step 3 点击【配套资料】中的"下载"（首次使用需输入教师信息），即可下载。音频、视频内容可点击【数字资源】，搜索书名进行浏览。

【手机端】

PPT课件、音视频、阅读材料：用微信扫描书中二维码即可浏览。

  扫码浏览

【更多相关资源】

更多资源，如专家文章、活动设计案例、绘本阅读、环境创设、图书信息等，可关注"幼师宝"微信公众号，搜索、查阅。

平台技术支持热线：029-68518879。

"幼师宝"微信公众号

【本书配套资源说明】

1. 刮开书后封底二维码的遮盖涂层。

2. 使用手机微信扫描二维码，根据提示注册登录后，完成本书配套在线资源激活。

3. 本书配套的资源可以在手机端使用，也可以在电脑端用刮码激活时绑定的手机号登录使用。

4. 如您的身份是教师，需要对学生使用本书的配套资料情况进行后台数据查看、监督学生学习情况，我们提供配套教师端服务，有需要的老师请登录"复旦社云平台"（fudanyun.cn），点击"教师监控端申请入口"提交相关资料后申请开通。

前言

教育是国之大计、党之大计。党的二十大报告指出坚持以人民为中心发展教育,加快建设高质量教育体系,发展素质教育,促进教育公平;要强化学前教育、特殊教育普惠发展。学前教育是高质量教育体系中最基础的环节。本教材依据当前学前教育发展的要求,开展蒙台梭利教学法的编写工作。

意大利教育家玛利亚·蒙台梭利根据其在儿童工作过程中所观察到的自发性学习行为,提出了蒙台梭利教学法,简称蒙氏教育。蒙台梭利的教育理念以儿童为中心,强调儿童是独立、自主的个体,把握儿童发展的敏感期,培养儿童健全人格。蒙台梭利教学法的原则和实践在全球范围内得到广泛的认可和实践。

学习蒙台梭利教学法课程,可以理解蒙台梭利教学法的理念和教学方法。蒙氏教育内容主要包括日常生活教育、感官教育、数学教育、语言教育和科学文化教育。学生学习蒙台梭利教育,不仅能够培养学生的专业素养和创新能力,还能为将来在教育实践中更好地运用蒙台梭利教学法打下坚实的基础。

本书在编写过程中依据蒙氏教育的特性以及《国家职业教育改革实施方案》中"三教"改革要求,严格按照《3～6岁儿童学习与发展指南》《幼儿园教育指导纲要(试行)》的要求编写。教材编写既注重理论和概念的系统性,又重视实践的操作性。在内容上也进行了本土化的实践探索,以期更适应时代的步伐。

本书主要有如下特点:

一、产教融合,园校"双元"合作开发教材

《国务院办公厅关于深化产教融合的若干意见》中指出,要加大产教融合的力度,促进教育链、人才链与产业链、创新链有机衔接,推动人才资源的供给侧结构性改革。本书编写团队由高校教师和幼儿园一线教师组成。主编的一线教师有10年以上幼儿园一线教学经验。通过产教融合,实现园校"双元"协助开发教材,推动产教协同育人,达到高校与幼儿园合作共赢局面。

本书理论部分编写主要由高校教师负责。由杨澄耐老师任主编,负责全书结构安排、章节设定、统稿审核工作。由魏鹏艳老师任副主编,参与全书的修改和统筹工作。其他参与理论部分编写的教师分别为黄平、尹艳波、金慧玲、陈凌霄、黄晓霞、李世洁、彭元菊、杨澄耐、施丽红、杨澄新、魏鹏艳、李启燕、唐菲、魏诗航、陈亚希、龙彦、张琪瑶、杨秀梅、梁雅轲、陈香。

本书的实践操作部分全部由一线幼儿园教师完成。由园长陈丽梅老师任主编,带领幼儿园实践团队,统筹负责137个蒙台梭利案例活动的撰写和142个视频内容的拍摄。由副园长张洁琼、和晓婷任副主编,负责指导工作。其他参与的一线教师分别为刘秋梅、赵婷婷、和霞梅、刘晓露、和祖慧、王秋艳、

张瑛、和海霞、和金菊、寸耀梅、李芳芳、和顺玲、和琦园、罗艳琴。

二、课程思政,坚持立德树人

《高等学校课程思政建设纲要》提出,课程思政建设内容要紧紧围绕坚定学生理想信念,系统进行中国特色社会主义和中国梦教育、中华优秀传统文化教育。从课程所涉专业、行业、国家、历史、文化等角度,增加课程的知识性、人文性,提升引领性和开放性。本书编写坚持立德树人的根本任务,积极推进习近平新时代中国特色社会主义思想进教材。

三、互联网+资源,配套丰富

《教育部信息化2.0行动计划》提出,"教学应用覆盖全体教师、学习应用覆盖全体适龄学生、数字校园建设覆盖全体学校,信息化应用水平和师生信息素养普遍提高,建成'互联网+教育'大平台。"本书编写积极融合了"互联网+教育"的思想,配备了丰富的教学资源,蒙氏教育的实践操作设置了视频和案例二维码,总计192个,学生可通过扫描二维码自主学习。并在复旦社云平台上传了教学课件、课后习题与答案等课程资源,以方便教学和学习。

资源列表

模块一 蒙台梭利教学法基础	
视频	文档
1-1 孩子为什么要工作/17	
1-2 蒙氏日常生活领域/19	
1-3 蒙氏感官领域/19	
1-4 蒙氏数学领域/19	
1-5 蒙氏科学文化领域/19	

模块二 蒙台梭利日常生活教育	
视频	文档
2-1 蒙氏走线/27	2-1 站/28
2-2 站/28	2-2 坐/28
2-3 坐/28	2-3 钻爬/28
2-4 钻爬/28	2-4 大勺舀水果/29
2-5 捣花生/28	2-5 拧螺帽/29
2-6 大勺舀水果/29	2-6 切黄瓜/29
2-7 拧螺帽/29	2-7 三指抓五谷分类/30
2-8 切黄瓜/29	2-8 二指投牙签/30
2-9 五指抓绿豆/29	2-9 穿针/30
2-10 三指抓五谷分类/30	2-10 洗手/32
2-11 二指投牙签/30	2-11 给洋娃娃洗头/32
2-12 穿针/30	2-12 给洋娃娃洗澡/32
2-13 挂毛巾/30	2-13 衣饰框——扣皮带扣/34
2-14 整理书柜/31	2-14 衣饰框——拉拉链/34
2-15 刷牙/31	2-15 衣饰框——系蝴蝶结/34
2-16 洗手/32	2-16 扫纸片/35
2-17 给洋娃娃洗头/32	2-17 扫细沙/35
2-18 给洋娃娃洗澡/32	2-18 扫地/35
2-19 给洋娃娃穿衣服/32	

模块二 蒙台梭利日常生活教育	
视频	文档
2-20 衣饰框——按扣/33	
2-21 衣饰框——皮带扣/34	
2-22 衣饰框——拉拉链/34	
2-23 系蝴蝶结/34	
2-24 扫石子/34	
2-25 扫纸片/35	
2-26 扫细沙/35	
2-27 扫地/35	
2-28 擦桌子/35	
2-29 给花浇水/36	
2-30 给小鱼换水/37	
2-31 握手和问候/37	
2-32 开关门/38	

模块三 蒙台梭利感官教育	
视频	文档
3-1 插座圆柱体——A组/45	3-1 插座圆柱体——B组/46
3-2 插座圆柱体——B组/46	3-2 插座圆柱体——C组/46
3-3 插座圆柱体——C组/46	3-3 插座圆柱体——D组/46
3-4 插座圆柱体——D组/46	3-4 彩色圆柱体（黄盒）/48
3-5 彩色圆柱体（红盒）/47	3-5 彩色圆柱体（蓝盒）/48
3-6 彩色圆柱体（黄盒）/48	3-6 彩色圆柱体（绿盒）/48

模块三 蒙台梭利感官教育	
视 频	文 档
3-7 彩色圆柱体（蓝盒）/48	3-7 色板二/52
3-8 彩色圆柱体（绿盒）/48	3-8 色板三/52
3-9 粉红塔造塔/48	3-9 创造性活动——棉签涂色/52
3-10 长棒/49	3-10 四边形嵌板/53
3-11 棕色梯/50	3-11 三角形嵌板/53
3-12 色板一/51	3-12 多边形嵌板/53
3-13 色板二/52	3-13 几何学立体组——锥体/54
3-14 色板三/52	3-14 几何学立体组——柱体/54
3-15 创造性活动——棉签涂色/52	3-15 几何学立体组投影/54
3-16 圆形嵌板/52	3-16 大六边形盒/56
3-17 四边形嵌板/53	3-17 长方形盒1/56
3-18 三角形嵌板/53	3-18 长方形盒2/56
3-19 多边形嵌板/53	3-19 触觉板/60
3-20 几何学立体组——球体/53	3-20 触觉延伸——神秘袋/60
3-21 几何学立体组——锥体/54	3-21 触觉延伸/60
3-22 几何学立体组——柱体/54	3-22 温觉瓶/62
3-23 几何学立体组投影/54	
3-24 三角形盒/55	
3-25 小六边形盒/55	
3-26 大六边形盒/56	
3-27 长方形盒1/56	
3-28 长方形盒2/56	
3-29 二项式/57	
3-30 三项式/58	
3-31 触觉板命名练习/59	

模块三 蒙台梭利感官教育	
视 频	文 档
3-32 触觉板/60	
3-33 触觉延伸——神秘袋/60	
3-34 触觉延伸/60	
3-35 布料盒/60	
3-36 温觉板/61	
3-37 温觉瓶/62	
3-38 音筒/62	
3-39 味觉瓶/63	
3-40 嗅觉瓶/64	

模块四 蒙台梭利数学教育	
视 频	文 档
4-1 数棒(1—10)/71	4-1 数字卡片(1—10)与数棒/72
4-2 数棒(1—10)与数字卡片/72	4-2 彩色串珠(1—10)与字卡对应/75
4-3 数字与筹码/72	4-3 夹彩珠1—10/75
4-4 数字拼板/73	4-4 量与数字卡片(三位数组合)/79
4-5 彩色串珠(1—10)/74	4-5 量兑换邮票(三位数)/79
4-6 彩色串珠(1—10)字卡对应/75	4-6 银行游戏加法(进位)/82
4-7 夹彩珠(1—10)/75	4-7 银行游戏减法(退位)/82
4-8 纺锤棒与纺锤棒箱/75	4-8 银行游戏乘法(进位)/82
4-9 塞根板I/75	4-9 银行游戏除法(退位)/82
4-10 塞根板II/76	4-10 邮票游戏加法(进位)/85
4-11 一百板/77	4-11 邮票游戏减法(退位)/85
4-12 根据题卡取数字卡片/78	4-12 邮票游戏乘法(进位)/86

模块四　蒙台梭利数学教育	
视　频	文　档
4-13 量与数字卡片(三位数组合)/79	4-13 邮票游戏除法(退位)/86
4-14 量兑换邮票(三位数)/79	
4-15 银行游戏加法/79	
4-16 银行游戏减法(不退位)/80	
4-17 银行游戏乘法(不进位)/80	
4-18 银行游戏除法(不退位)/81	
4-19 银行游戏加法(进位)/82	
4-20 银行游戏减法(退位)/82	
4-21 银行游戏乘法(进位)/82	
4-22 银行游戏除法(退位)/82	
4-23 邮票游戏加法(不进位)/82	
4-24 邮票游戏减法(不退位)/83	
4-25 邮票游戏乘法(不进位)/84	
4-26 邮票游戏除法(不退位)/85	
4-27 邮票游戏加法(进位)/85	
4-28 邮票游戏减法(退位)/85	
4-29 邮票游戏乘法(进位)/86	
4-30 邮票游戏除法(退位)/86	
4-31 加法板/86	

模块四　蒙台梭利数学教育	
视　频	文　档
4-32 减法板/87	
4-33 乘法板/88	
4-34 除法板/88	
4-35 分数小人/89	
4-36 分数嵌板/90	

模块五　蒙台梭利语言教育	
视　频	文　档
5-1 安静游戏——轻声点名/97	5-1 听听谁来了/99
5-2 请你跟我这样做/98	5-2 鞋子的声音/99
5-3 什么声音/99	5-3 谁在叫/99
5-4 听听谁来了/99	
5-5 鞋子的声音/99	
5-6 谁在叫/99	
5-7 传话筒/100	

模块五　蒙台梭利语言教育	
视　频	文　档
5-8 给乐器找朋友/100	
5-9 礼貌用语/101	
5-10 绕口令《分果果》/102	
5-11 铁制几何嵌板/103	
5-12 砂字母板/104	
5-13 活动字母箱/105	
5-14 笔画砂纸板/106	
5-15 造福字/106	
5-16 拓印"新年好"/107	
5-17 十二生肖三段卡/108	
5-18 古诗《悯农》/109	
5-19 量词歌/109	
5-20 绘本阅读《猜猜我有多爱你》/110	

模块六　蒙台梭利科学文化教育	
视　频	文　档
6-1 鸟嵌板/120	
6-2 叶嵌板/121	

模块六　蒙台梭利科学文化教育	
视　频	文　档
6-3 世界地图嵌板/122	
6-4 中国地图嵌板/122	
6-5 八大行星/123	
6-6 月相图/124	
6-7 活动时钟/125	
6-8 宇宙三态/126	
6-9 成长线/127	

模块一　蒙台梭利教学法基础　1

任务一　了解蒙台梭利及其教育理论　2
　　一、蒙台梭利生平介绍　2
　　二、蒙台梭利教育的核心理念　4
任务二　掌握蒙台梭利教学法核心观点　7
　　一、蒙台梭利的儿童观　8
　　二、蒙台梭利的教师观　12
　　三、蒙台梭利的教学观　14
任务三　掌握蒙台梭利教学法的核心内容与教学方法　17
　　一、探索蒙台梭利教学内容　18
　　二、实践蒙台梭利教学法　20

模块二　蒙台梭利日常生活教育　23

任务一　了解蒙台梭利日常生活教育基本内涵　24
　　一、日常生活教育的定义　24
　　二、日常生活教育的意义　24
　　三、日常生活教育的目的　25
　　四、日常生活教育的原则　25
　　五、日常生活教育的内容　26
任务二　实施蒙台梭利日常生活教育　26
　　一、基本动作　27
　　二、照顾自己　30
　　三、照顾环境　34
　　四、社交礼仪　37

模块三 蒙台梭利感官教育 40

任务一 了解感官教育的基本内涵 41
一、感官教育的定义 41
二、感官教育的意义 41
三、感官教育的目的 42
四、感官教育的原则 43
五、感官教育的内容 43
六、感官教育的学习方法 44

任务二 实施蒙台梭利感官教育 44
一、蒙台梭利视觉教育的实施 45
二、蒙台梭利触觉教育的实施 59
三、蒙台梭利听觉、味觉、嗅觉教育的实施 62

模块四 蒙台梭利数学教育 66

任务一 了解数学教育的基本内涵 67
一、数学教育的定义 67
二、数学教育的意义 67
三、数学教育的目的 68
四、数学教育的特点 68
五、数学教育的内容 70

任务二 实施蒙台梭利数学教育 71
一、1—10的学习 71
二、连续数的认识 75
三、十进位法 78
四、四则运算 79
五、运用记忆的加减乘除四则运算 86
六、分数 89

模块五　蒙台梭利语言教育　92

任务一　了解语言教育的基本内涵　93
一、语言教育的定义　93
二、语言教育的意义　93
三、语言教育的目的　94
四、语言教育的原则　95
五、语言教育的内容　95
六、语言教育的学习方法　96

任务二　实施蒙台梭利语言教育　96
一、蒙台梭利听力教育的实施　97
二、蒙台梭利口语教育的实施　101
三、蒙台梭利书写预备教育的实施　103
四、蒙台梭利阅读教育的实施　108

模块六　蒙台梭利科学文化教育　112

任务一　了解科学文化教育的基本内涵　113
一、科学文化教育的定义　113
二、科学文化教育的意义　114
三、科学文化教育的目的　114
四、科学文化教育的原则　114
五、科学文化教育的目标　115
六、科学文化教育的准备　116
七、科学文化教育的内容　116

任务二　实施蒙台梭利科学文化教育　119
一、蒙台梭利动植物学教育的实施　120
二、蒙台梭利地理学教育的实施　122
三、蒙台梭利天文地质学教育的实施　123
四、蒙台梭利历史学教育的实施　125
五、蒙台梭利科学实验教育的实施　126
六、蒙台梭利人体实验学教育的实施　127

模块七　蒙台梭利教学法在特殊教育和家庭教育中的应用　129

　　任务一　了解蒙台梭利教学法在特殊教育中的应用　130
　　　　一、蒙台梭利关于智力障碍儿童的教育概述　130
　　　　二、我国蒙台梭利特殊教育的现状与发展趋势　133
　　任务二　了解蒙台梭利教育在家庭教育中的应用　135
　　　　一、家庭教育概述　136
　　　　二、蒙台梭利教学法在家庭教育中的实施　138

模块八　蒙台梭利教育的本土化与未来展望　141

　　任务一　了解蒙台梭利教学法的本土化传播　142
　　一、中国台湾蒙台梭利教育的发展阶段与特点　142
　　二、中国蒙台梭利教育的传播历程　143
　　任务二　了解中国蒙台梭利教育的现状及发展　144
　　　　一、中国蒙台梭利教育的现状　145
　　　　二、中国蒙台梭利教育的发展　145

参考文献　147

模块一　蒙台梭利教学法基础

模块导读

蒙台梭利教学法,源于意大利医生兼教育家玛丽亚·蒙台梭利的教育理念,如今已在全球范围内被广泛接受并实践。其深厚的教育哲学和具体的教学方法,为儿童的成长提供了独特且富有成效的环境。

本模块主要阐述了蒙台梭利的基本教育理论、蒙台梭利教学法及其应用,增强学生对蒙台梭利教学理念的认识,树立正确的蒙氏教育观念。

学习目标

1. 认知目标:了解蒙台梭利生平和核心的教育理论。
2. 技能目标:掌握蒙台梭利教学法的基本内容。
3. 情感态度、价值观目标:树立正确的蒙台梭利教育观念。

思政寄语

当代学生与蒙台梭利虽处不同的时代与国度,但在对教师所具有的教育观等基本素养的要求上有很大的共通性。掌握蒙台梭利的教育理念和教学法等知识点,深度挖掘、提炼蒙台梭利教学法中所蕴含的思想价值和精神内涵,从专业理论和实践的角度,提升引领性、时代性和开放性。同时,教育部《高等学校课程思政建设指导纲要》中提出加强师德师风建设,引导学生树立学为人师、行为世范的职业理想,培养学生传道情怀、授业底蕴、解惑能力,把对国家的爱、对教育的爱、对学生的爱融为一体,争做有理想信念、有道德情操、有扎实学识、有仁爱之心的"四有好老师",坚定不移走中国特色社会主义教育发展道路。

任务一　了解蒙台梭利及其教育理论

一天,豆豆在做剪纸工作时遇到了困难,纸屑被风吹得满地都是。她看到其他小朋友扫地,便产生了尝试的念头。这时,教师走过来,耐心地教她如何扫地。豆豆学得很快,不仅将地上的纸屑打扫干净,还主动承担起了班级的清扫任务。

思考: 该案例体现了蒙台梭利什么样的教育理念?

1. 了解蒙台梭利的生平。
2. 熟知蒙台梭利的主要教育思想和理论观点。

一、蒙台梭利生平介绍

玛丽亚·蒙台梭利(Maria Montessori)是一位杰出的意大利幼儿教育家,生于1870年8月31日,她不仅是意大利第一位女医生,还是第一位女医学博士。蒙台梭利教学法正是她创立的教育体系,其核心理念源自她观察儿童自发性学习行为所得到的总结。

(一) 求学经历

1875年,玛丽亚·蒙台梭利5岁。由于她的父亲调职,全家从安科纳省(Ancona)的基亚拉瓦莱小镇(Chiaravale)迁居至罗马(Rome)。这一变迁为她的教育之路铺设了新的起点,为她日后的教育和事业奠定了重要的基础。进入公立小学后,她展现出了对学习的极大热情和天赋。

随着年岁的增长,蒙台梭利对学习的渴望愈发强烈。1883年,蒙台梭利13岁,她决定挑战传统,选择了米开朗琪罗(Michelangelo)技术学校(高中)继续深造。在那里,她不仅学习了数学,还接触到了更广泛的知识领域,为她日后的学术发展打下了坚实的基础。1886年,蒙台梭利16岁时进入了达文奇工业技术学院,专攻她最喜爱的数学。她对于数学的热爱和投入,使她在这一领域取得了显著的成就。然而,她并未止步于此,而是继续拓展自己的知识边界。

1890年,蒙台梭利作出了一个重要的决定——进入罗马大学继续学习。在罗马大学,她原本主攻数学,然而,随着学习的深入,她逐渐对生物学产生了浓厚的兴趣。这种兴趣最终引导她走向医学的道路。随着她对医学产生了浓厚的兴趣,她在1892年决定转入罗马大学医学院攻读医学课程。这一决定在当时看来无疑是极具挑战性的,因为医学领域对女性来说仍然存在着诸多限制和偏见。并且,此决定也导致了她父亲切断了她的经济来源,但她并未因此放弃,而是依靠奖学金和家教度过了那段艰难的求学历程。在诸多困难面前,玛丽亚·蒙台梭利依旧坚定地追求自己的梦想。她不顾父亲的反对和中断经济资助的威胁,坚持自己的选择,最终成功进入医学院学习。

在医学院的日子里，蒙台梭利面临着前所未有的挑战。作为班上唯一的女生，她时常需要独自面对解剖室的冷清与死寂。然而，她并没有被这些困难击倒，反而以更加坚定的决心投入学习中。她努力克服恐惧，不断深化对医学知识的理解，逐渐在医学领域取得了显著的进步。经过几年的艰苦努力，蒙台梭利在1896年成功获得了罗马大学的医学博士学位，成了意大利第一位女医学博士。这一成就不仅是对她个人才华和努力的肯定，也为女性在教育和医学领域争取了更多的权利和机会。

在获得医学博士学位之后，她开始在罗马大学附属医院担任精神病临床助理医生，专注于身心障碍儿童的诊断和治疗。这段经历让她对特殊儿童的教育产生了浓厚的兴趣，也为她日后创办"儿童之家"和开展儿童教育研究提供了宝贵的实践经验。

通过观察和研究，蒙台梭利逐渐形成了自己独特的教育观念。她认为，儿童具有内在的发展潜力，教育者应该尊重儿童的个性，提供适合他们发展的环境。基于这一理念，她创立了蒙台梭利教学法，强调以儿童为中心，注重个性化教育，让儿童在自由的环境中自然成长。为了推广自己的教育理念，蒙台梭利于1907年在罗马贫民窟创办了"儿童之家"。在这里，她亲自指导儿童的学习和生活，通过实践不断完善自己的教育理论。她的努力得到了社会的广泛认可，蒙台梭利教学法也逐渐被越来越多的人所接受和采用。

(二)"儿童之家"的建立

蒙台梭利"儿童之家"是根据国际蒙台梭利协会的标准设立的，致力于服务社区0—6岁学龄前儿童的教育机构。这一概念的起源可以追溯到1906年，在罗马优良建筑公会的支持下，蒙台梭利得到了研究和验证提升世界正常儿童智力的机会。

于是，在1907年1月6日，第一所"儿童之家"在罗马的贫民窟桑罗伦多区（Sanlorendo District）正式成立。

"儿童之家"并不仅仅是一所传统意义上的学校，它更是一个能够提供给儿童发展机会的"环境"。这个环境像是一个"公寓中的学校"，既具有家的内涵，如成员之间的彼此关爱和辅助，同时，环境中的一切设备也都符合儿童的需要和尺寸。它不仅是儿童受教育的场所，更是一个允许儿童自由探索、学习和成长的空间。

在"儿童之家"里，儿童可以自由地选择自己感兴趣的活动和任务，不受成人的干预。这种自主学习的方式不仅有助于儿童发展自我决策和创造能力，还激发了他们的好奇心，促进了智力和感性发展。此外，教育环境的设置也非常注重孩子的身心健康，鼓励参与各种运动和户外活动，并接受健康饮食和卫生教育。蒙台梭利"儿童之家"的教育方法是以儿童为中心，重视儿童教育与成人教育的区别。它强调儿童具有内在的发展潜力，教育者应该尊重儿童的个性，并提供适合他们发展的环境。教育内容丰富多样，注重个性化的教育方法，旨在帮助每个儿童发挥他们的潜力。在实践中，蒙台梭利的方法注重观察和引导，鼓励儿童探索和解决问题。

蒙台梭利"儿童之家"及其教育方法在世界范围内产生了广泛的影响。蒙台梭利根据其指导"儿童之家"的经验而写成的《运用于儿童之家的科学教育方法》一书很快被翻译成多种文字流传，成为指导"儿童之家"教学活动的经典著作。如今，蒙台梭利"儿童之家"已经成为许多国家和地区儿童教育的重要参考和借鉴对象。

(三)国际影响与荣誉

玛丽亚·蒙台梭利的教育思想和方法在意大利乃至全世界产生了广泛的影响。她的教育法被许多国家引进和实践，成为现代儿童教育的重要流派之一。玛丽亚·蒙台梭利本人也因此获得了极高的声誉和荣誉。她曾多次应邀前往不同国家讲学，开设师资培训班，推动蒙台梭利教学法的传播和应用。1949年至1951年，蒙台梭利连续三年被提名为诺贝尔和平奖候选人，这一荣誉的提名本身就是对她在教育领域以及对世界和平所作出的贡献的极高认可。尽管她最终未能获得该奖项,但这一提名足以证明她在国际上的影响力和地位。蒙台梭利被授予了荷兰皇室姓氏,这是对她在教育领域所取得的卓越成就的极高赞誉。联合国教科文组织也高度评价了她的贡献,宣称"蒙台梭利已经成为我们期望教育和世界和平的伟大象征"。此外,蒙台梭利的教育理念和方法在全球范围内得到了广泛的传播和应用,她的著作被翻译成多种语言,她的名字和教育法已经成为现代幼儿教育的重要标志之一。玛丽亚·蒙台梭利的国际影响深远且广泛,教育理念和"儿童之家"模式在全球范围内取得了显著的世界性发展,对现代教育产生了深远的影响。

(四) 晚年生活与逝世

蒙台梭利的晚年生活相对平静且充实。她曾先后在西班牙的巴塞罗那(Barcelona)和荷兰的阿姆斯特丹(Amsterdam)居住,这两地都成了她晚年生活的重要场所。在此期间,她不仅继续深化自己的教育理念,还积极参与了各种社会活动。

蒙台梭利于1952年5月6日在阿姆斯特丹逝世,享年82岁。蒙台梭利的逝世对于教育界无疑是一个巨大的损失,但她的精神和教育理念却永远地留在了人们的心中。在蒙台梭利逝世后,她的影响力并未减弱。荷兰阿姆斯特丹大学授予她名誉博士称号,以表彰她在教育领域的杰出贡献。而她最后居住的荷兰阿姆斯特丹的寓所,现在已成为蒙台梭利纪念馆和国际蒙台梭利协会总部(AMI),继续传承和发扬她的教育理念和精神。

(五) 蒙台梭利的著作

蒙台梭利在教育实践中形成了许多的著作,涵盖了儿童教育、儿童心理、教育方法等多个领域,如《蒙台梭利早期教育法》(*Montessori Early Education Act*)、《童年的秘密》(*Secrets of Childhood*)、《发现儿童》(*The Discovery of Children*)、《新世界的教育》(*Education in the New World*)、《家庭中的儿童》(*Children in the Family*)等。

二、蒙台梭利教育的核心理念

蒙台梭利通过"儿童之家"开展的儿童教育实践和理论研究,提出了在全世界范围内具有深远影响的儿童教育理念,蒙台梭利教育的精髓体现在以儿童为中心,遵循儿童身心发展规律,给予儿童充分的理解和尊重,让儿童在有准备的环境中自由学习,激发儿童潜能等,蒙台梭利教育理念主要包括以下六个方面。

(一) 环境适应论

蒙台梭利指出,环境是儿童能够自主活动的场所,是儿童生活的实验室。蒙台梭利曾将"环境"类比于人的头部,以此强调环境对儿童发展的重要性,因为人类的一切活动和发展都与头部有关,头部是人类一切活动的总指挥,是发号施令者,而环境对于人类而言,也像头部一样,是决定一个人智慧与发展的关键。

1. 儿童具有适应环境的本能

在蒙台梭利看来,受精卵中包含的是整个有机体的遗传因子和未来发展,而新生儿体内包含的则是一种心理本能,这种本能能够让他们适应周围环境。[①] 新生儿降生时,就具备了适应环境的特殊本能,这种特殊本能决定了他们的特征,并会对他们以后的生活起指导作用,这种本能帮助他们生存和获

---

① [意]玛利亚·蒙台梭利. 童年的秘密[M]. 艾安妮,译. 北京:中国华侨出版社,2015.

得未来持续发展必备的生理或心理机能,人类的各种机能就是在适应环境的过程中不断发展和完善的。生理和心理机能的成长,除了遵循年龄阶段发展规律外,个体适应环境的优劣,也是决定生理和心理机能成长快慢的主要原因之一。如果儿童的成长与发展不能与环境相适应,其生理机能和心理机能则无从发展,严重的甚至难以生存,而这样的案例也比比皆是。因此,在教育中,蒙台梭利强调环境的重要性,后天良好环境能激发内在的潜能,促进儿童的成长与发展。

2. 为儿童提供有准备的教育环境

蒙台梭利将有准备的环境列为教育的第一要素,儿童需要从环境中学习、在环境中发展,通过环境塑造个性和自我。蒙台梭利指出:"儿童只有在一个不受约束的环境中,即在一个与他的年龄相适合的环境中,他的心理生活才会自然地发展并展现他内心的秘密。"只有这种自由的环境才会满足儿童成长的需要,自由的环境不是根据成人的经验布置的,也不是根据成人的理解创设的,而是基于儿童的身心发展需要设计的,一定是儿童的需要与适宜的环境有效地结合才能满足儿童身心发展的要求,为此,应该为儿童提供有准备的环境。

(二)生命自然发展论

蒙台梭利在观察中注意到生命"自然发展"的事实,她发现人的"完成"实际上是经由自己的不断活动达成的。蒙台梭利发现,儿童在出生以前就具有发展的预定计划,由于这个计划从生命的一开始就已存在,她将未出生之前便具有这种"发展功能"的儿童称为"精神胚胎"。为了使身心成长,从胚胎开始,个体会有很多的内在而非外显的需要,这种内在的需要会导致个体主动地寻找,以满足迅速成长的目标。例如刚出生的婴儿肚子饿了,他会用强烈的哭声吸引成人的关注,也会闭眼寻找,用嗅觉或用嘴唇去寻找乳头,以解决饥饿的问题。儿童生命的第一阶段是一个适应阶段,这种特殊的适应能力促成了儿童的成长,并且让他们能够很快地适应当地社会的气候、语言、秩序、风俗习惯等。

在这一阶段成人能做的只是帮助生命发展,根据儿童的需要给予某种程度的帮助,儿童今后的个人能力就会有很大提高。教育能做的就是遵循儿童自然成长规律,不受干扰地满足儿童成长和发展的内在需要,使生命能够自然地发展,一步一步建构成完善的个体。

(三)独立成长论

独立是儿童成长的必要条件也是成长的首要目标。蒙台梭利认为教育要引导儿童沿着独立的道路前进,任何教育活动,如果对儿童教育有效,那么就必须帮助儿童在独立的道路上前进。蒙台梭利十分重视培养儿童的独立性与自主性,认为儿童是一个自由独立的个体,具有潜在的生命力。儿童天生有一种独立活动的欲望,儿童的第一本能是在没有任何人帮助的情况下自己完成动作,当儿童不让其他人帮他完成动作时,儿童就向独立迈出了最初的一步。通过独立,儿童慢慢减少对周围人的依赖,体验到自己的力量和强大,在不断感知认识这个世界的过程中丰富自己的经验,用自己的经验丰富自己的大脑,实现了从身体到精神的自由。[1]

因此,教育必须引导儿童自由、主动地表现,使儿童能通过这种活动走向独立。所以蒙台梭利教育是"不教而教"的教育,她反对以教师为中心的"填鸭式"教学,倡导"自由教育"的原则,帮助儿童实现独立成长。

(四)吸收性心智论

蒙台梭利认为,从婴儿期开始,儿童就对某种经验具有很强的吸收力,这种吸收是直接的,具有一种下意识的、不自觉的感受能力与鉴别能力,这种获取知识的特质与过程称为"吸收性心智",蒙台梭利

---

[1] [意]玛丽亚·蒙台梭利. 蒙台梭利家庭教育全书[M]. 林凯,编译. 北京:中国商业出版社,2013.

认为这种自然吸取和创造性的功能是儿童特有的。儿童无意识地吸收外在环境中的各种事物进而组成自己的知识,随着自主性的程序逐渐觉醒并接收潜意识阶段所吸收的东西,而后成为有意识的行为。儿童吸收性心智发生在 0—6 岁,它包括两个阶段:第一个阶段是 0—3 岁,为无意识吸收阶段。第二个阶段是 3—6 岁,为有意识吸收阶段。无意识吸收阶段的儿童通过感知觉和动作探索外部环境,并获得经验。儿童会记住这些经验,但他们自己却没有意识到,也就是说,这些经验还不能因儿童的使用需求而被有意识地提取。有意识吸收阶段的儿童的这种强大的吸收力开始变得有意识、有目的。这时儿童变成了一个讲求实际的、感性的探索者,他能注意到事物之间的关系,并能进行对比。此时,儿童将感觉经验分类、提炼,将过去吸收的经验带入意识中。

蒙台梭利表示,如果成人没有发现儿童的"吸收性心智",将自己的意志强加给儿童,将会使儿童出现神游现象、依附心理、强占有欲、强权力欲、强自卑感等心理紊乱现象。对此,应当给予儿童充分的爱与自由,让儿童从事有趣的活动,获得经验与成长。

(五)工作人性论

蒙台梭利认为,儿童能通过工作恢复正常状态,儿童的工作愿望代表着一种生命的本能,儿童通过工作形成自己的个性,在工作中塑造自己。在蒙台梭利看来,儿童的工作与成人的工作是截然不同的,具体可表现在工作的目的与动力上。从工作的目的来看,儿童的工作是无目的的工作,他们工作的目的就是工作本身,儿童工作是内在本能的驱使,遵循自然的法则,儿童的工作以自我实现与自我完善为内在工作目标,集中表现为"为工作而生活"。成人的工作是有目的的工作,成人的工作是一种强制性劳动,必须遵循社会规范和遵循效益法则,追求的是外在的目标,表现为"为生活而工作"。从工作的动力来看,儿童工作遵循内在动力,工作是儿童发展的本能。成人工作遵循外在动力,是为了外在动力而开展工作。

蒙台梭利认为儿童的工作遵循着秩序法则,即儿童在工作中有一种对秩序的爱好与追求;独立法则,即儿童要求独立工作,排斥成人给予过多的帮助;自由法则,即儿童在工作中要求自由地选择工作材料、自由地确定工作时间;专心法则,即儿童在工作中非常投入,专心致志;重复练习法则,即儿童对于能够满足其内心需要的工作,都能一遍又一遍地反复进行,直至完成内在的工作周期。

(六)奖惩无用论

蒙台梭利通过对儿童的观察发现,奖励会诱使部分儿童为了获得奖励而工作,但对积极主动、内心充实、愉快工作的儿童没有作用。至于惩罚,对一个问题儿童进行纪律教育比进行惩罚更有效果,通过纪律教育对问题儿童的教育是持久的变化。她提出了"奖惩无用"的教育观点,蒙台梭利认为纪律一旦建立起自由的原理,奖励和惩罚形式就会自然取消,而一个享受自由并自我约束的儿童,会追求那些真正能激发和鼓励他的奖赏,当内心有了力量和自由时,儿童就会迸发出强烈的积极性。[①]

可以说,儿童智能发展的动机不是来自外界的刺激,而是来自儿童的内在需要,真正的奖励是自我奖励。奖赏或惩罚并不能对儿童产生多大的效果,经常受鼓励的儿童,他的人格是建立在自己的认知和自我制约上,但是悬赏式的奖励,只会诱使其"为奖而做",会对其将来的价值观产生负面影响,使其习惯于以名利为衡量价值的标准。儿童的内在需要得到满足时,他们才会感到宁静,才会产生新的愿望。因此,应该引导儿童对自己的行为进行自我选择、自我约束。

---

① [意]玛利亚·蒙台梭利. 蒙台梭利的教育[M]. 文娟,译. 长春:吉林文史出版社,2017.

实践训练

一、技能实训

项目一：选读蒙台梭利著作，并以小组的形式汇报交流。

要求：

1. 通过深入研读《蒙台梭利早期教育法》《童年的秘密》或《发现儿童》等蒙台梭利教育经典著作，增进对蒙台梭利教育理念的理解，培养批判性思维和团队合作能力。

2. 以小组形式进行汇报，展示学习成果并促进知识交流。

项目二：研究蒙台梭利教育理论在现代社会的发展。

要求：

1. 以小组为单位，对当前有关"蒙台梭利教育理论"的最新研究成果进行查阅。

2. 小组成员分工，完成文献梳理、总结与汇报。

二、思考练习

1. 以多样的方式梳理蒙台梭利的生涯。
2. 蒙台梭利的教育理论包含哪些方面？

任务二 掌握蒙台梭利教学法核心观点

案例导入

在蒙氏教室里，乐乐被一组动物拼图吸引，他坐在地板上，全神贯注地开始拼图。起初，他显得有些手忙脚乱，但很快，他便找到了规律，开始有条不紊地拼接。在这个过程中，教师并没有过多干预，只是在一旁默默观察，偶尔给予鼓励和指导。随着时间的推移，乐乐不仅完成了拼图，还通过拼图中的动物名称和特征，学习到了新的词汇和知识。

思考：该案例体现了蒙台梭利什么样的儿童观？

任务要求

1. 了解蒙台梭利的儿童观、教师观和教学观。
2. 能够运用蒙台梭利的儿童观、教师观和教学观开展教育活动。
3. 关注儿童的发展和教育，树立科学的儿童观、教师观和教学观。

一、蒙台梭利的儿童观

儿童观是指成人对儿童的看法及态度的总和。① 它是形成教育理论的基础,是开展教育实践的前提。蒙台梭利总结了卢梭、裴斯泰洛齐、福禄贝尔等人的自然主义教育思想,深入研究了医学、生物学、心理学、人类学和教育学等学科理论和成果,并结合在"儿童之家"对儿童的观察和研究,提出了自己对儿童的独特见解,形成了独具特色的蒙台梭利儿童观。具体包括以下五个方面。

(一)儿童是独立的个体

蒙台梭利认为儿童是独立的不断发展着的完整个体,他们存在着与生俱来的天赋、兴趣和潜力,并不像我们想象的那样无助、被动,那样依赖成人。他们不是成人和教师进行灌注的容器,也不是可以任意塑造的蜡和泥,他们是具有生命力的、能动的、发展着的活生生的人。② 蒙台梭利反对传统儿童观中对儿童的错误认识,儿童权利被埋葬在所谓的秩序与正义的偏见之下。她甚至直言"儿童是人类未来的命运和希望"。因此教育者应以平等为基础,以自由为前提培养儿童的独立人格与能力,为其发展提供合适的环境和教育。

(二)儿童的发展具有阶段性与连续性

蒙台梭利是用发展的眼光看待儿童的,她认为儿童正处于不断发展的过程中,而这种发展呈现出明显的阶段性。在发展的每一阶段,儿童的心理、生理和社会性发展的特点都与前一阶段不同,而前一阶段的发展又为下一阶段打下坚实的基础。蒙台梭利基于儿童的发展规律,将儿童心理的发展分为以下三个阶段,并对各个阶段的特点提出自己的看法。

第一阶段:0—6岁,这是儿童各种心理功能形成的时期。此阶段还可以进一步划分为两个子阶段:一是0—3岁,即"心理胚胎期",这一时期儿童无意识地吸收一些外界刺激;二是3—6岁,即"个性形成期",这一时期儿童逐渐形成有意识的思维活动,慢慢建立自己的记忆力、理解力、明辨力,并逐渐对社会文化产生兴趣,学习文化知识和社会的规则,显现出自己特有的个性。

第二阶段:6—12岁,这是儿童心理相对平稳发展的时期。儿童的思维得到全面的发展,而抽象逻辑能力得到更快地发展,并且产生了道德意识和社会感。这一时期的重点是由感觉练习转向抽象的智力活动。

第三阶段:12—18岁,这是儿童身心经历重大变化并逐渐走向成熟的时期。这一阶段是儿童发展的第二个高峰期,即儿童各项生理机能逐渐成熟,思维能力迅速发展,逐渐向一个独立的社会人的角色过渡。③

(三)儿童的心理成长具有敏感期

荷兰生物学家德弗里认为各种生物对环境的刺激都会存在一定的敏感期,蒙台梭利受其观点的影响,认为儿童的心理发展同样存在着各种敏感期。在敏感期内,儿童对环境中某种特定的知识或技能会特别敏感,并能很快认识和掌握。蒙台梭利强调正是这种敏感性,使儿童以一种特有的强烈冲动去接触外部世界,在这一时期,他们很容易就能学会各种事情,对一切都充满了活力和激情。教师如果把握这一教育的最佳时机,就会取得事半功倍的效果,而过了这一时期,儿童便很难或不能再学习知识或

---

① 吴天武,刘会芳,陆春明. 学前教育概论[M]. 长沙:湖南师范大学出版社,2019.
② 罗英智. 蒙台梭利儿童观与教育观[J]. 学前教育研究,1995(06):8—9.
③ 李芳霞. 蒙台梭利教育理论与实践[M]. 北京:九州出版社,2018.

发展技能。因此,教师应及时发现儿童的敏感期,理解并善于辨别、分析环境是否适宜儿童某种敏感能力的需求,尊重儿童在敏感期的行为,抓住机会为儿童提供必要的支持与指导,促进儿童身心发展。

蒙台梭利通过对儿童的深入观察与研究,归纳出了儿童心理现象发展的敏感期,具体包括以下八个方面。

1. 语言敏感期(0—6岁)

蒙台梭利认为儿童的语言敏感期是从出生后2个月开始到6岁,其中1—3岁是语言敏感期的高峰期。儿童学习语言首先体现在模仿,通过注视大人说话的嘴型(嘴唇和舌头),发出牙牙学语的声音,而后开始学习叠语、词汇再到句子。这些阶段是以连续的方式出现,而不是截然分开的。蒙台梭利认为儿童具有天然所赋予的语言敏感力,所以在敏感期内儿童能较快地掌握母语及多种其生活环境中的语言。

2. 秩序敏感期(2—4岁)

蒙台梭利认为儿童的秩序敏感期是从出生后第2年开始到4岁,这是蒙台梭利最先发现并论述的现象。秩序感是儿童的一种内在感知,用以区别各种物体之间的关系。儿童的秩序敏感性通常表现在对顺序性、生活习惯、所有物的要求上,它与儿童认知能力密切相关,也影响着儿童行为和态度的发展。蒙台梭利认为:"秩序是生命的一种需要,当它得到满足时,就产生了真正的快乐。"[①]儿童需要一个有序的环境来帮助他们认识和熟悉周围的环境和事物。一旦他所熟悉的环境消失,就会令他无所适从。蒙台梭利在观察中发现,儿童会因为无法适应环境而害怕、哭泣、发脾气等,因而确定儿童对秩序有极其明显的需求。

3. 感官敏感期(0—6岁)

蒙台梭利认为儿童的感官敏感期是从出生开始到6岁,其中2—2.5岁是感官敏感期的高峰期。儿童从出生起,就会借助视觉、嗅觉、听觉、触觉等多种感官来熟悉环境、认识事物。3岁前,儿童通过"吸收性心智"来吸收周围环境和事物,3—6岁则更能具体通过感官判断环境中的事物。蒙台梭利认为儿童在感官敏感期内,可以毫不费力地学习几何形体,辨别颜色、方向、声音的高低以及字母的形体等,因此,蒙台梭利设计了许多感官教具如听觉筒、触觉板等刺激儿童的感官,为儿童智力的发展奠定了基础。[②]

4. 动作敏感期(0—4岁)

蒙台梭利认为儿童的动作敏感期是从出生开始到4岁。儿童在开始时喜欢爬,1岁左右开始独立行走,1.5—3岁时喜欢抓握物体,例如喜欢"打开—关闭""放进—拿出""搭好—推倒"的动作等。4岁左右时喜欢闭着眼睛靠手触摸辨别物体,并常用手结合身体做各种较为复杂的动作。因此,这一时期成人应让儿童充分活动,使其肢体动作逐渐熟练,这不仅有助于儿童身体和精神的正常发展,而且有利于儿童形成良好人格。蒙台梭利除了强调大肌肉的训练外,还注重小肌肉的练习,即手眼协调发展,这样的练习不仅能使儿童养成良好的动作习惯,也能促进智力的发展。

5. 细节敏感期(1.5—4岁)

蒙台梭利认为儿童的细节敏感期是1.5—4岁。从出生一年半开始,儿童不再被一些庸俗华丽、颜色耀眼的物体所吸引,这一时期的儿童开始对成人没有注意到的周围环境中的细微事物感兴趣,常能捕捉到其中的奥秘,这正是由于儿童和成人的智力、视野不同。

6. 社会规范敏感期(2.5—6岁)

蒙台梭利认为儿童的社会规范敏感期是2.5—6岁。2岁半的儿童逐渐摆脱以自我为中心,对结交朋友、参与集体活动有了明确倾向。这时,成人应帮助儿童建立明确的生活规范、日常礼节,使其日后能遵守社会规范,拥有自律的生活。[③]

---

① [意]玛利亚·蒙台梭利. 童年的秘密[M]. 马荣根,译. 北京:人民教育出版社,1990.
② 朱莉萍,王梅金,张盛威. 蒙台梭利教学法[M]. 长沙:湖南师范大学出版社,2022.
③ 刘迎杰. 蒙台梭利教学法[M]. 2版. 北京:高等教育出版社,2019.

7. 书写、阅读敏感期（3.5—5.5岁）

蒙台梭利认为儿童的书写敏感期是 3.5—4.5 岁，阅读敏感期是 4.5—5.5 岁。虽然儿童的书写、阅读方面的能力发展较迟，但如果儿童在语言、感官、动作敏感期内得到了充分的学习，书写、阅读方面的能力便会自然产生。

8. 文化敏感期（6—9岁）

蒙台梭利认为儿童对文化学习的兴趣萌芽于 3 岁，但在 6—9 岁时才出现探索事物的强烈需求。因此，这一时期儿童的心智就像一块肥沃的田地，准备接受大量的文化播种。成人在此时可以给儿童提供丰富的文化内容，用本土文化乃至世界文化，丰富儿童的文化知识。

（四）儿童具有"吸收性心智"

蒙台梭利认为："儿童具有独立学习的能力，他们拥有一颗能够吸收各种知识的心灵。"这种心灵就叫作"有吸引力的心灵"或"吸收性心智"。蒙台梭利提出儿童天生具有无意识的智慧，他们通过从环境中吸取资讯并快速学习知识，在心理上实现"无"中生"有"的建构过程。她认为，在生命的最初几年里，儿童正是依靠这种"吸收性心智"，形成对周围环境的各种印象和文化模式，与世界建立联系，使之成为自己心智的一部分，并形成自己的经验的行为模式。例如，3 岁以下的儿童能轻松地掌握语言，这就是童年期所特有的"吸收性心智"所使然。相反，成人由于不具备"吸收性心智"，无论学习如何努力，他们都很难完全掌握一门外语。由此看来，"吸收性心智"是儿童期特有的一种能力。蒙台梭利进一步强调儿童具有主动性，他们通过对外界环境的无意识吸收来促进自我心智的发展，所以教育要给儿童提供有准备的环境，在有益的环境中促进儿童健康成长。

（五）儿童的发展是在工作中实现的

1. 儿童的工作

儿童由于潜在生命力的驱使和心理的需要产生一种自发性活动，这种自发性活动通过与环境的交互作用使儿童获得有关经验，从而促进儿童心理的发展，这种活动就叫作"儿童的工作。"[1]它可以是画画，可以是重复的动作练习，也可以是与环境的互动行为等。蒙台梭利认为儿童的工作要求象征着生命的本能，在顺利的环境下，工作会自然地从内在的冲动下流露出来。同时，她指出儿童从无意识的工作到心智工作再到有意识的活动性、创造性与建构性的工作，都是为了沟通人类与环境的关系，展开人类的自然禀赋，使自己得到良好的发展。

蒙台梭利提出，游戏和工作都具有愉悦身心和促进儿童发展的作用，但比起游戏，儿童更喜欢工作。这是因为游戏是指儿童日常玩耍和使用普通玩具的活动，不具备持久性和自我挑战性，在游戏活动中，儿童可能会很快乐，但这种快乐在游戏结束时，也会随之消失；此外，在游戏中，儿童容易产生不切实际的幻想，无法培养他们严肃、认真、准确、求实、责任感和严格遵守纪律的精神和行为习惯。[2] 而工作是指儿童自发地选择、操作教具的活动，具备一定的挑战性，在工作中儿童会不断发现和设定新的目标，保持着持久的兴趣和专注力，在完成工作后，有明显的满足感与成就感。只有工作才能使儿童走上纪律之路，促进儿童人格的形成及智力与意志的发展。

2. 儿童的工作与成人的工作

蒙台梭利认为，儿童的工作与成人的不同。主要表现为儿童的工作是儿童自发地选择、操作教具并在其中获得身心协调发展的活动，是"在工作中生活"，是受到内在本能驱使的自发活动。而成人的

---

[1] ［意］玛利亚·蒙台梭利. 教育中的自发活动[M]. 江雪, 编译. 天津：天津人民出版社，2003.
[2] 马蕴青, 杨卫娜, 韩君亚. 蒙台梭利教学法[M]. 北京：航空工业出版社，2020.

工作是"为生活而工作"。具体的体现如表1-1所示。①

表1-1 儿童的工作与成人的工作的区别

	儿童工作	成人工作
目的	儿童的工作受内在本能的驱使，遵循自然的法则，适应环境、以环境为媒介来充实自我、形成自我、塑造自我，不需要物质回报。（内在本能驱使）	成人的工作遵循一定社会规范，运用自己的智力并通过自己的努力来改造环境，以获得经济报酬、实现职业目的或满足社会需求，需要回报。（外在诱因和内在驱力）
方式	儿童的工作是一种自我创造性、活动性和建构性的工作，他们按照自己的方式、速度进行，具有高度的自主性。	成人工作是一种机械化、社会性和集体性的工作，往往需要分工合作，且讲究工作效率和竞争。
角色	儿童的工作是建构自己的智力、语言、意志力等方面的能力，通过工作理解周围环境，建构自己的经验。	更多关注于社会职业角色的职责和社会贡献，实现个人价值和社会价值。
态度	儿童工作给他们带来愉悦和安定，工作为自主自发，积极性高。	成人工作往往伴随压力和焦虑，工作为被动完成任务，积极性低。
结果	儿童注重过程，体现在他们的心智发展、人格形成和能力提升等方面，难以标准量化。	成人注重结果，工作用具体的标准量化。

3. 儿童工作应遵循的法则

（1）秩序原则。

蒙台梭利认为秩序是指各种物品与环境的关系，即每种物品在环境中应该处在什么样的位置。儿童在工作中有一种对秩序的爱好和追求，他们对工作材料在环境中的位置有着清醒的认识，有关秩序的工作是他们自发的和饶有兴趣的工作。② 例如，3—4岁的儿童使用完材料后，会主动地将它们放回原来的位置。当儿童在工作中对秩序的追求能够得到满足时，儿童就会感到幸福，进而人格和心理各方面的能力得到顺利的发展。因此，蒙台梭利主张给儿童创造有秩序感的环境，规范摆放各类材料，满足儿童工作中对秩序的追求，促进儿童秩序感的发展。

（2）独立原则。

蒙台梭利认为独立就是指不需要别人的帮助而独自做一件事情。她认为，儿童是一个独立的个体，在人格和精神上都是独立的。在她看来，儿童从出生就开始追求独立，他们通过吸收、模仿和练习适应周围环境，促进身心发展，并逐渐学会独立。由于独立是自由的先决条件，儿童获得更多的独立的同时也为以后的自由做好了准备。因此，蒙台梭利支持儿童通过自己的工作寻求独立，并要求成人不能替儿童包办一切，而应该为儿童创造更多让他们走向独立的环境和条件。

（3）自由原则。

蒙台梭利认为自由是指有规律的、自主探索的学习活动。自由是人类与生俱来的权利，自然赋予了儿童自由。她认为，儿童在工作中会根据自己的需要自由地选择工作材料，自由地选择自己喜爱的工作，可以使儿童工作时更加专心，使他们更好地进行自我控制，形成良好的纪律性，并增强他们的自信心。因此，蒙台梭利提出应该充分尊重儿童的自由，允许他们自由地选择教具和工作，以及工作时间的长短和工作速度的快慢。

---

① 刘迎杰.蒙台梭利教学法[M].2版.北京：高等教育出版社，2019.
② 朱莉萍，王梅金，张盛威.蒙台梭利教学法[M].长沙：湖南师范大学出版社，2022.

(4) 专心原则。

蒙台梭利认为儿童能够专心对待工作,正是因为工作是儿童自由、自主选择的结果和自身兴趣所在。蒙台梭利曾在"儿童之家"做过一项实验,了解儿童的专心程度:当一个儿童在专心操作插座圆柱体时,蒙台梭利用声音进行干扰,儿童似乎没有听到声者,依然非常专注地进行着他的工作。蒙台梭利又拿走了他的工作毯,这个儿童竟然一直跟着工作毯走,眼睛还一直盯着自己的教具,等蒙台梭利放下工作毯时,这个儿童又坐下来继续他的工作。因此,蒙台梭利强调有了专心以后,儿童才能不断地进行工作,并在工作中不断重复练习,从而有效地掌握各种技能,养成良好的习惯。

(5) 重复练习原则。

蒙台梭利发现儿童对于能够满足其内心需求的工作都能专心地反复进行,直至完成其工作周期,儿童享受重复操作的练习,乐此不疲的同时得到发展。因此,蒙台梭利提倡在儿童各种能力发展的敏感期内,满足儿童内在的需求,为儿童提供有准备的环境,从而促进儿童的自我学习和成长。

二、蒙台梭利的教师观

蒙台梭利不仅关注儿童的发展,还注重教师素质的提升。她认为教师的职责在于引导儿童的心理活动和身体发展。她将"儿童之家"的教师称为"指导员","指导员"的角色不仅仅是教师,还是心理学家,要为儿童准备学习的环境,是观察者和儿童的引路人。[①]

(一) 教师的角色

1. 教师是观察者

蒙台梭利认为"教师最重要的技能是懂得如何去观察孩子"。教师通过运用科学的观察方法研究儿童的表现及其背后的心理因素,从而了解他们的内心世界和成长需求,引导儿童向着自己的生命轨迹前行。[②]

教师首先要有观察的习惯。教师要时刻保持好奇心和敏锐的观察力,抓住儿童每一瞬间的表情、动作、神态等来观察儿童的兴趣点,以及为什么感兴趣,兴趣持续时间的长短,从而为他们提供个性化的指导。其次,要培养观察的兴趣。教师应该对观察儿童保持高度的兴趣和热情,对儿童的每一个细微变化都保持敏感。同时静下心来观察儿童。"不断想要教孩子怎么做、干涉孩子活动的教师无法观察出孩子依照自然引导自发性成长的状况,教师只有控制自己的活动,才能冷静地观察孩子。"[③]最后,教师要有科学的观察方法。其中包括学习如何制订观察计划、如何记录观察结果、如何分析观察数据等。教师可运用自然观察法、目视法、谈话法等对儿童进行观察。

2. 教师是环境的创设者

教师的首要责任就是关注环境,环境的影响是间接的,但是不好的环境会阻碍儿童身体、智力和心理的发展,即使有所发展也不会长久。

教师一方面要为儿童提供轻松、自由、和谐的心理环境,在这样的环境里,儿童感到安全和舒适,从而更加愿意参与各种活动和学习。另一方面,要为儿童创设新奇、生动、有序的物质环境,儿童通过调动身体各种感官来了解事物的特征,在有序、整洁的环境中培养秩序感和责任感。

作为蒙台梭利教师,应该随时根据儿童的发展需要准备教育环境、丰富教育环境、创设教育环境、完善教育环境,满足儿童的内在需要、调节儿童与环境的关系,达到真正以儿童为主来布置环境。

---

① 严吴蝉霞.蒙台梭利学前教育简介[J].学前教育研究,1995(4):2.
②③ 刘颖.蒙氏教学法的应用对促进幼儿教师专业发展的研究[D].四川师范大学,2010.

3. 教师是工作的示范者

在蒙氏工作中,教师的示范有着重要作用。若儿童不了解教具的操作要求,难免会出现将教具当作玩具的现象。作为教师应该亲自展示如何完成某项工作、如何使用教具,其中动作要慢而清晰,确保儿童能够仔细观察和理解。在示范过程中,教师需要用简洁明了的语言解释每一个步骤和动作,帮助儿童理解并记住操作方法。当儿童掌握教具,熟练工作后,教师可减少对儿童的引导,最终让其独立操作教具。

4. 教师是沟通者

蒙台梭利认为,儿童是家庭的一分子,而不是完全孤立的个人,而且儿童的生活经验大部分在教室外获得。作为蒙台梭利教师需要定期与家长进行交流,倾听家长述说儿童在家中的生活情形,与儿童的家长及家庭生活保持密切联系,另外,教师还需要扮演与家庭沟通蒙台梭利教学法的角色。教师做好与家长的沟通、联系甚至是教学法的引导示范,有助于向家长澄清社会的旧教育观念,使学校与家庭、社会共同努力,帮助儿童健康成长。

(二)教师的准备

蒙台梭利认为教师的精神准备比掌握技能更为重要。作为教师不应只是通过学习来让自己成为有文化的人,更应有道德品质。

1. 教师的精神准备

(1) 研究自我,做好心理准备。教师首先需要正视与研究自己的缺陷,而不是过分迷恋于"纠正儿童错误"的方式。"只有先清除自己眼中的沙粒,你才能清楚地知道如何消除儿童眼中的尘埃。"

教师应学会自我反省,摒弃对儿童的专制。作为教师要去除自己内心的傲慢、愤怒,学会谦虚和宽容。蒙台梭利认为,成人的权威和骄傲会阻碍我们了解儿童,教师不应在儿童面前掩盖自己的错误,也不能通过暴力的方式让儿童沉默。面对儿童的沉默,要去除内心的偏见,培养有助于教学的沉静、宽容的品质。假如教师能尊重和了解儿童,从他们心理发展的规律中受到启示,便会知道儿童的心理和成人的心理是完全不同的。

(2) 热爱儿童,相信儿童。蒙台梭利说,生命的成长必须有"爱"的感觉,儿童的自觉性和自我认识是通过爱得来的。儿童正是因为爱他周围的环境才产生了一种压制不住的冲动,在整个敏感期,将自己和周围事物连接起来。这种爱不是一般理解的情绪感觉,而是一种爱的智慧,通过爱来吸取外界事物并且建构自己。

蒙台梭利还将教育称之为"爱"的艺术。她认为生命的成长必须有"爱"的感觉,教师对儿童积极热情,儿童才愿接近他们,从而接受他们的指导。除此之外,作为教师还应相信儿童,相信儿童自我完善与自我发展的能力,不要过多干预儿童。

(3) 耐心等待,不要急于干涉儿童。教师对于进步慢的儿童需要有耐心,要能热情、欢迎儿童的进步。当儿童动作缓慢的时候,教师不应代替儿童完成所要完成的一切活动。蒙台梭利强调了教师不要以任何的方式去干预儿童。此外,当儿童在操作中遇到困难时,教师如果直接介入帮忙,那么儿童就会自己走开,最后只剩下教师自己在那儿工作。教师的责任是,当发觉儿童已学会当前的工作时,就要马上介绍新的工作。

2. 教师的活动准备

教师应成为学习环境的保护者和管理者。教具应整齐、有序地摆放在儿童能够轻易取到的地方,以此帮助孩子建立对环境的信任感。保持教室的整洁和有序,让儿童在一个干净、舒适的环境中学习。总之,营造儿童的学习环境是教师最重要的职责。

教师在进行活动准备时,根据教学计划和目标,需要设计合适的活动方案,包括活动的目标、内容、形式和时间等。在活动开始前,教师需要准备好所需的教具和材料,并放置在适当的位置,以便儿童能够顺利地进行活动。教师需要清晰地介绍活动的名称、目标和要求,以及活动的规则和注意事项,确保儿童能够明确了解活动的内容和要求。同时,教师还需要用简洁、明白、客观的教学方法对儿童进行指导。

对于心思散漫、四处游荡、无法专注于任何事物的儿童,教师应多加关注,须对其加以引导,通过教学技巧吸引儿童注意。可以让他们做一些虽然不喜欢,却也不讨厌的工作,刚开始他们会有一点不高兴,因为他们的游荡被老师止住了。对于不断骚扰别人的儿童,要尽快阻止,不必让他们完成整个活动。

三、蒙台梭利的教学观

蒙台梭利主张教学应以儿童为本,在"自由与纪律"的生态平衡中,创设"有准备的环境",让儿童不断地与环境交互作用,唤醒并激发其内在生命力。从而使儿童自主获得经验、增长见识,最终实现自我构建与发展。

(一)自由与纪律

1. 自由

自由是蒙台梭利教学法最基本的原则之一。[①] 这里的"自由"是指将儿童从阻碍其生命正常发展的障碍中解放出来,让儿童在自然的条件下自然展现、自主成长。[②] 蒙台梭利认为,儿童在学习中的松散与倦怠,根源在于教学方法未能顺应儿童心理的自然发展。儿童教育应以保障其身心自由为前提,这种自由并非无度地放任,而是需遵循四大要点:

(1) 自由与纪律并存。既要充分释放儿童的天性,又要培养其自律意识,确保他们在自由中不失秩序。

(2) 独立铸就自由。鼓励儿童独立思考、行动,以自我独立为基石,实现真正的自由。

(3) 自由与意志同行。在追求自由的同时,培养儿童坚定的意志,使其能在自由中不迷失方向。

(4) 社会属性在自由中塑造。在自由活动中,引导儿童学习社会规范,培养其社会属性,使其成为既独立又融入社会的优秀个体。

2. 纪律

纪律是指在集体中成员需遵守的一套既定规则,涵盖了维护秩序、响应指令及履行职责的行为准则。蒙台梭利指出纪律本身是积极主动的,它使个体在遵守生活原则的同时能够掌控自我,促使儿童从无序行为向有序、自律转变,进而使行动趋于完美。在蒙台梭利教学法中,纪律的内涵包含以下几点:

(1) 积极主动的纪律。蒙台梭利认为,纪律不是外在强加给儿童的约束,而是儿童内在的一种积极主动的态度。儿童通过自我探索和体验,主动理解并接纳纪律的规则,从而在行为上展现出自我约束和自我控制。

(2) 秩序感内化的纪律。在蒙台梭利的教学环境中,秩序感被视为纪律的重要组成部分。儿童通过观察、参与和体验有序的环境和活动,感受到遵守集体秩序的意义和价值,就会逐渐将秩序感内化为自己的行为习惯。

(3) 一日生活中的纪律。蒙台梭利强调,纪律教育应该融入儿童的日常生活中,成为他们生活的一部分。儿童在与同伴、教师共同生活和学习的过程中,需要遵守一定的规则和纪律,如轮流、等待、尊重他人等。

3. 自由与纪律的辩证关系

蒙台梭利指出纪律通过自由而来,是儿童自由的基础,而自由也是相对的、有条件的,是控制在集

---

① 马蕴青,杨卫娜,韩君亚. 蒙台梭利教学法[M]. 北京:航空工业出版社,2020.
② [意]玛丽亚·蒙台梭利. 蒙台梭利文集:发现儿童[M]. 第1卷. 田时纲,译. 北京:人民出版社,2017.

体范围之内的。① "自由"与"纪律"在教学过程中相互依存、相互促进。

纪律是自由的前提。在蒙台梭利教学法中，纪律被视为自由探索和发展的基础。首先，通过建立有序、规范的学习环境，蒙台梭利为儿童提供了一个免受干扰和阻碍的空间，使他们能够专注于自我学习和成长。其次，这种有序的环境为儿童带来了安全感，使他们在探索和学习过程中感到更加自在和放松。最后，明确的规则让儿童在了解并遵守它们的基础上，能够更加自由地选择自己的活动和学习内容，从而在保障他们自由的同时，也确保了整个学习环境的和谐与有序。

自由是纪律的基础。蒙台梭利强调，真正的纪律不是外部强加的约束，而是源自儿童内心的自我约束和自我管理。首先，给予儿童自由探索的机会，让他们能够自主选择活动和学习内容，这不仅激发了他们的学习兴趣和动力，也促进了他们的自我发展和成长。其次，在自由的环境中，儿童通过自我教育的过程，逐渐学会了如何与材料互动、与同伴交流，并在这一过程中形成了良好的纪律性。最后，长期的自由实践使儿童逐渐培养出自律能力，这种能力将伴随他们的一生，使他们在未来的学习和生活中更加自律和有序。

自由与纪律的相互促进。蒙台梭利认为，自由与纪律是相互依存、相互促进的。自由的环境为儿童提供了更多的自主选择权，使他们能够更加积极地参与活动和学习，这种自主性促进了他们纪律性的形成。同时，在自由的环境中，儿童需要学会自我管理和自我约束，这也有助于他们形成良好的纪律性。其次，一个有序、规范的环境为儿童提供了安全和稳定的保障，使他们能够在活动中更加自由地表达自己的想法和感受，享受学习的乐趣。同时，这种环境也确保了整个学习过程的顺利进行，为儿童提供了一个更加优质的学习体验。因此，自由与纪律在蒙台梭利教学法中是一个和谐统一的整体，它们相互依存、相互促进，共同为儿童的成长和发展提供了有力保障。

（二）有准备的环境

1. 什么是"有准备的环境"

"有准备的环境"是指一种经过教师精心设计和安排的，旨在满足儿童个性特点和需求，促进他们自主学习和全面发展的教育环境。这种环境不仅包含物质层面的设施和资源，比如操作材料、教室布置、生活环境等，还包括人文层面的氛围和互动，比如教师的尊重与关爱、同伴友好交往等，以确保儿童能够在一个安全、舒适、自由的环境中自由地表达自我，进行各种探索和学习。②

2. "有准备的环境"对儿童发展的意义

"有准备的环境"旨在以环境为外在激励，唤醒儿童内心深处的自由探索欲望和主动学习的冲动。③ 在这样的氛围下，儿童能够自由地释放天性，勇敢地追求知识，实现自我成长与超越，对儿童的发展具有重要意义。

（1）尊重与自由。这种环境尊重儿童的兴趣和需求，允许他们自由选择活动和学习方式，有助于培养儿童的自主性和独立性。

（2）结构化与有序。环境的有序和结构化有助于儿童建立内心的秩序感，这是他们成为独立、自主和理性个体的基础。在这样的环境中，儿童能够安静而有秩序地生活，减少生命力的浪费。

（3）激发内在生命力。通过与环境的不断交互，儿童能够激发内在的求知欲和探索欲，从而获得经验、增长见识，实现自我建构和全面发展。

（4）社交体验。在混龄环境中，儿童能够体验与不同年龄段的同伴相处的机会，增强社交能力，学习如何与比自己能力强或弱的人沟通合作。

---

① 罗筱敏. 蒙台梭利环境教育思想下幼儿园自主游戏环境的创设[J]. 教育观察，2023(7)：18—29.
② 马蕴青，杨卫娜，韩君亚. 蒙台梭利教学法[M]. 北京：航空工业出版社，2020.
③ 黄思琴. 蒙台梭利教学法的核心特质[J]. 文山学院学报，2023(4)：116—120.

3. 如何创设"有准备的环境"

（1）了解儿童的需求与兴趣。蒙台梭利教学法首先强调教师需要深入了解儿童的需求和兴趣。每个儿童都是一个独特的个体，他们的身心发展特点和兴趣爱好各不相同。因此，教师需要通过与儿童的互动、观察和交流，去捕捉和识别儿童的需求与兴趣。

（2）设计安全且真实、有序且自由的环境。蒙台梭利教学法认为环境是儿童成长的重要条件，因此环境的设计至关重要。首先，环境必须安全，确保儿童在探索和学习过程中不会受到伤害。这包括确保空间的宽敞、物品的稳固、材料的无毒无害等方面。其次，环境需要真实，反映现实世界的面貌。教师可以通过布置各种真实的生活场景，如家庭角、超市角、医院角等，让儿童在模拟的环境中体验生活，学习各种生活技能。同时，与真实的自然界接触也是非常重要的，教师可以带领儿童到户外探索，让他们感受大自然的美丽和神奇。

在环境的设计上，还需要考虑有序和自由之间的平衡。一方面，环境需要有序，物品的摆放应该有一定的规律，让儿童能够轻松地找到他们需要的物品。同时，"秩序存在于有准备的环境中的每一部分"。[①] 教师需要引导儿童自觉学习和维护拿取材料、操作等的规则，以确保儿童"工作"的有序开展。另一方面，环境也需要自由，让儿童能够根据自己的兴趣和需求自由选择和探索。这种自由是建立在秩序之上的自由，既保证了环境的整洁和有序，又满足了儿童自由探索的需求。

（3）营造尊重与关爱的人文氛围。蒙台梭利教学法强调教师需要营造一个充满尊重与关爱的人文氛围。在这个环境中，每个儿童都应该被看作是一个独特的个体，他们的观点和感受应该得到充分的尊重。教师需要倾听儿童的想法和意见，理解他们的需求和困难，并给予积极的回应和支持。同时，教师还需要通过日常的行为和言语向儿童传递关爱和温暖。他们可以用微笑、拥抱、赞美等方式表达对儿童的爱意，让儿童感受到自己是被接纳和重视的。在这种氛围下，儿童更有可能形成积极的自我认知和自我价值观，进而发展出良好的人际关系和社交能力。

（4）提供丰富且适宜的教具。蒙台梭利教学法认为教具是儿童学习的重要工具，因此教具的选择和设计至关重要。首先，教具需要丰富多样，以满足儿童在不同领域的学习需求。教师可以根据儿童的年龄和兴趣，提供视觉、触觉等各种类型的教具。其次，教具需要适宜，符合儿童的身心发展特点。这意味着教具应该根据儿童的年龄和阶段特点进行设计，既不过于简单也不过于复杂。同时，教具在材质和造型上也需要尽量保留或还原真实事物的原本特征，让儿童能够在探索和学习的过程中更好地理解和感知现实世界。

（三）自由自主的教学法

1. 以活动为主，注重儿童的自我工作、自我教育

儿童的教育不应该以"填鸭式"的灌输为主，而应该以活动为主。以活动为中心，让儿童在自主参与和实践中学习和发展。这种教学方式的核心在于，通过活动，儿童能够进行自我工作、自我教育，进而促进他们的全面发展。

首先，以活动为主的教学方式让儿童有了更多的动手实践机会。在参与活动的过程中，儿童需要运用自己的感官去感知、思考、操作，这样的过程不仅锻炼了他们的身体，还促进了他们的大脑发育。同时，通过活动，儿童能够更直观地理解知识，形成深刻的印象。其次，注重儿童的自我工作、自我教育也是蒙台梭利教学法的重要特点。在活动中，儿童可以根据自己的兴趣和需求，自主选择活动内容，自主制订活动计划，自主完成活动任务。这样的过程让儿童成为学习的主体，他们能够在实践中发现问题、解决问题，从而培养自己的独立思考能力和创新能力。同时，自我教育的过程也让儿童学会了自我管理和自我约束，培养了他们的责任感和自律精神。

---

① 马蕴青，杨卫娜，韩君亚. 蒙台梭利教学法[M]. 北京：航空工业出版社，2020.

2. 废除奖惩，主张儿童的自我约束、自我管理

在蒙台梭利教学法中，废除奖惩制度，主张通过儿童的自我约束和自我管理来引导他们的行为，是另一个重要的教育理念。

传统的教育方式中，奖惩制度常常被用来规范儿童的行为，让他们遵守规则和纪律。然而，蒙台梭利教学法认为，奖惩制度可能会抑制儿童的内在动力，让他们过于依赖外部的评价和认可。因此，它主张废除奖惩制度，通过培养儿童的自我约束和自我管理能力来引导他们的行为。

在蒙台梭利的教学环境中，儿童被鼓励去自觉遵守规则和纪律，因为他们明白这样做是为了自己和他人的利益。他们学会了尊重他人、关心他人，以及维护环境的整洁和有序。同时，教育者也会通过榜样示范和正面引导的方式，帮助儿童树立正确的价值观和道德观。

一、技能实训

孩子为什么要工作

项目一：对蒙台梭利教育、华德福教育、瑞吉欧教育、福禄贝尔教育的教育理念进行梳理，并进行比较。

要求：

1. 以小组为单位，进行分工协作。
2. 以小组为单位，进行 ppt 汇报。

项目二：幼儿园班级教学环境设计。

要求：

1. 以小组为单位，根据本章所学内容，编制蒙台梭利幼儿园班级教学环境评价表，然后组间交流、师生探讨，共同修订形成高质量评价表。
2. 各小组以某一蒙台梭利幼儿园的某一班级为对象，完成一份教学环境设计方案，具体包括物质环境和人文环境。物质环境即教室的布置，活动区域的划分及教具的准备等；人文环境即师幼互动、同伴交往等。
3. 每个小组派一名学生代表展示本组设计方案。

二、思考练习

1. 谈谈对蒙台梭利"吸收性心智"的理解。
2. 谈谈蒙台梭利"自由与纪律"教育思想对我国幼儿园一日常规教育的启示。

任务三　掌握蒙台梭利教学法的核心内容与教学方法

案例导入

林林，一个 4 岁的小男孩，刚入蒙氏园时显得有些内向，对周围的事物充满好奇但又不敢轻易尝试。杨老师敏锐地观察到了这一点，决定运用蒙台梭利教学法来帮助林林逐渐打开心扉，自信地探索世界。杨老师首先进行了细致的观察,发现林林对颜色鲜艳、形状各异的积木特别感兴趣。于是,杨老师适时地将他引导到感官区,让他自由探索各种颜色和形状的积木。在这个过程中,杨老师没有直接干预,而是静静地在一旁观察,林林很快就被积木吸引,开始尝试搭建各种造型。起初,他的动作显得有些笨拙,但随着时间的推移,他逐渐找到了规律,搭建的作品也越来越复杂。在这个过程中,他的专注力、手眼协调能力和创造力都得到了极大的提升。

思考:该案例体现出蒙台梭利教学法的哪些内容?

任务要求

1. 了解蒙台梭利教学法的内容。
2. 掌握蒙台梭利教学法的内容。
3. 萌发对蒙台梭利教育体系的探索欲望。

一、探索蒙台梭利教学内容

《3~6岁儿童学习与发展指南》(以下简称《指南》)强调"学前儿童的学习是以直接经验为基础,在游戏和日常生活中进行的"。蒙台梭利教育教学内容的特色就是把需要让儿童掌握的教育内容物化为儿童可以直接操作的"活动材料",并在其中有效利用教育教学法,这能有效地帮助教师理解《指南》的精神。

蒙台梭利基于医学、生物学、哲学、心理学、教育学、人类学和精神病学等知识,形成了自己的教育理论。教育内容主要包括日常生活教育、感官教育、数学教育、语言教育、身体运动教育、科学文化教育、历史地理教育、艺术表现教育和社会性培养。这些教育内容又可以根据是否主要配合使用专门的"活动材料"分为主题教育活动和区域教育活动。

(一) 主题教育活动

主题教育活动,又称为团体教育活动或圆圈运动,由教师儿童共同参与,以综合主题活动方式开展。主题教育活动是蒙台梭利教育非常重要的组成部分,活动每天组织2—3次。在主题教育活动开展时,教师和儿童常围坐在一起。主题教育活动内容类型多样,其中包括语言活动、身体活动、艺术表现活动等。活动地点不限,可以在室内,也可以在室外。教师会以儿童的自我认识与发展为基础,根据周围环境变化、节日庆祝、自然界变化与社会变化的情况进行安排,包括家庭、幼儿园、社区、国家、世界、自然、未来等主题选择。每个月确定主题后,还要确定每一周的主题以及对应的活动内容。在完整的课程设计中,儿童可以从广泛的领域和大量的活动中自由选择,教师也会为儿童提供对应的材料,如在认识地理环境时,教师会为儿童提供不同地形的物理模型,如四周环水的岛屿、绿波荡漾的湖泊、区域的拼图地图等。

在蒙台梭利学校中,早上教师组织儿童走线后,会向儿童讲述分享今天一日活动计划,使儿童对自己一天的安排有了解和计划。这种活动,也是团体教育活动的一种。

(二) 区域教育活动

区域教育活动类似于分组教育活动——儿童在不同的区域进行"工作"。因为儿童自由选择和操作材料进行探索,所以也被称为个别教育活动。所有内容都"物化"为符号操作对象,儿童通过操作有准备的"环境"和"活动材料"来获得发展。在蒙台梭利看来,"工作"与游戏有所不同,只具备"引起兴趣—开始操作"这两个阶段的被称为游戏,而出现"专注—获得发现"的阶段才能被称为"工作"。

区域教育活动与主题教育活动不同,更加注重幼儿的自主探索和学习,幼儿园的教育环境被划分成不同的区域,儿童可以根据自己的兴趣和需要自由选择,自主操作,实现自我发展和自我教育。在本文的模块二至模块六中,重点介绍蒙台梭利区域教育活动的实施。

蒙台梭利的区域教育活动内容主要包括日常生活训练、感官教育、数学教育、语言教育、科学文化教育五个方面。

1. 日常生活训练

日常生活训练是指在日常生活中,让儿童通过参与日常生活操作,获得一些基本的生活技能,包括基本动作(走路、坐、站、搬等),照顾自己(穿脱衣服、刷牙、穿脱鞋等),照顾环境(照顾与饲养动植物等),社交礼仪(打招呼、致谢、道歉等),并在此过程中不断积累经验、发展自我,并形成良好的社交行为和生活习惯的教育。

蒙氏日常生活领域

蒙台梭利认为,儿童独立地完成某项工作,是其自尊和自信得到发展的重要方式,因此发展儿童的日常生活技能在蒙台梭利教育内容中尤为重要。可以说,日常生活教育是儿童与蒙台梭利教育发生互动作用的开始。

2. 感官教育

感官教育也称感觉教育,主要是以感觉教具为媒介,通过视觉、听觉、触觉、味觉和嗅觉等内容,使儿童在观察、辨别、比较和判断的过程中提高感知力、敏锐度和认知能力,进一步丰富经验,最终使其形成一定思想、观念的过程。

蒙氏感官领域

蒙台梭利认为,感觉是认知的基础,一切的认识都是从感觉开始。但感觉教育的最终目的不是训练感官而是促进智能的发展,感觉教育是蒙台梭利教育内容中最有特色且承前启后的部分。

3. 数学教育

数学教育主要包括数数练习(数钱、数字大小排序等),数字练习(图形标记、数字联系、0的教学等),数字记忆练习,十进制课程。主要通过把抽象的数字融入数学教具里让儿童操作以及三阶段教学法帮助儿童掌握基础的数学概念。

蒙氏数学领域

蒙台梭利认为数学教育应从感官训练入手,从简单到复杂进行量的比较,培养儿童的逻辑思维。先获得数和量的概念,再逐步加入加、减、乘、除等概念。数学教育的目的并不是掌握好计算,而是发展逻辑思考能力。

4. 语言教育

蒙台梭利语言教育主要围绕听、说、写、读四个方面展开,并按照"听—说—写—读",从口头语言教育到书面语言教育的过程进行教育,即先以清晰、准确的语言训练儿童的听觉,并在此基础上帮助儿童掌握正确的发音,再锻炼儿童由字、词到短句进行表达,从而使他们逐步学会用自己的语言描述简单的事物、表达自己的思想。

蒙台梭利语言教育以吸收性心智和语言敏感期为理论基础,2岁左右是儿童词汇的爆发期。语言教育渗透在各领域教育过程中,重点不在于记住大量的词汇,而是在生活中帮助儿童学会倾听与表达、阅读与书写。

5. 科学文化教育

蒙台梭利科学文化教育是指教师利用周围的物质环境和教具,让儿童通过感知、观察、操作,将科学、文化知识自然纳入自我的知识结构中。科学文化教育主要包括植物学、动物学、地理学、地质学、历史学、天文学、人体生理学、传统文化教育内容等。

蒙氏科学文化领域

蒙台梭利认为3岁左右是学习科学文化知识的关键期。学习科学文化知识可以帮助儿童建立更立体的世界观,培养儿童对大自然的热爱和探究精神,帮助儿童的心智变得稳定。

(三) 其他类型的教育

蒙台梭利认为"所有可以促进儿童发展的内容都是教育内容",除了以上部分,还包含道德教育、社会教育与想象力和创造力的培养等其他无法按主题和区域划分的教育活动。

二、实践蒙台梭利教学法

蒙台梭利教学法旨在帮助儿童全面提高自身能力,并充分发挥其潜力。这个方法的独特吸引力在于强调儿童的个人成长和自我进步,并且能够为他们创造一个有准备的环境,以便他们能够在无拘无束的活动中实现身心的成长。

(一) 蒙台梭利教学的方法

1. 个别指导

个别指导是一种教学组织形式,指教师在课堂教学的基础之上,能够根据儿童的个别差异进行个别辅导、因材施教。蒙台梭利"儿童之家"中是混龄教学,班级中包含着3—6岁不同年龄的儿童,个别指导是"儿童之家"的一种主要教学方法。

在蒙氏教育体系中,三阶段教学法被广泛使用,它能够帮助儿童更好地理解物体的名称,并能够正确地辨认和找出相应的物体。第一阶段,教师会向儿童介绍物体的准确概念,并且引导他们建立物体与其名称之间的联系,例如"这是……"。在第二阶段,教师需要帮助儿童辨别与其名称或概念相对应的物体,并且用"哪一个是……"来表达。第三阶段,教师需要帮助儿童说出所指物体的名称或概念,并用"这是什么?"来表述。蒙台梭利认为,教师需要密切关注儿童在什么时候、通过什么方式完成了对物体的归纳,及时给予鼓励和肯定,让儿童感受到尊重和满足,鼓励他们在周围环境中寻找新的感觉,从而提高学习效果。成为一个积极的观察者,以更深入地了解世界。[1]

2. 团体活动

团体活动是"儿童之家"中的另一种教学方法。良好的纪律与秩序环境是保障团体活动开展的重要因素。蒙台梭利团体活动课的流程为以下四步:走蒙氏线、教师演示教具、儿童自由工作、教具材料归位。

第一步,走蒙氏线。儿童随着音乐跟在教师身后沿着地上贴的蒙氏线走。蒙氏线是一种用来描绘教室地面的图案,它可以是圆形或椭圆形。圈的长度要能够让班级的所有儿童走和坐,线的宽度大约5 cm,恰好是儿童一只脚的宽度。0—3岁儿童的蒙氏线设计得宽一点,年龄稍大一些的儿童的蒙氏线相对窄一些。

第二步,教师演示教具。教师通过展示如何使用教具来帮助儿童学习正确的方法。

第三步,让儿童自主地选择教具并进行实践活动。

第四步,教具材料归位。活动结束后,所有教具要放回教具架,工作毯要卷好放回工作毯架。

(二) 蒙台梭利教学方法的特点

1. 以儿童为中心

蒙台梭利认为教育要发展儿童的潜能,[2]在蒙台梭利的理念下,教育应该致力于开拓儿童的"内在

---

[1] [意]蒙台梭利. 蒙台梭利幼儿教育科学方法[M]. 任代文,主译校. 北京:人民教育出版社,2001.
[2] [意]玛利亚·蒙台梭利. 有吸引力的心灵[M]. 吴学颖,译. 广州:广东经济出版社,2013.

生命力",即唤醒他们的"内在潜力",让他们拥有持续的、充满活力的智慧。以儿童为中心就是顺应儿童的自然本性,就是尊重他们的天生特质,指引他们回归到本真状态,实现自我发展。

2. 自由与规则

蒙台梭利教学法强调给予儿童足够的自由,但这种自由不是放纵的自由,而是一种有规则的自由。蒙台梭利指出,自由和纪律是密不可分的,而且只有当自由得到充分发挥,才能够构建出真正的纪律。因此,自由应该作为纪律的基础,而非仅仅是它的附属物。帮助儿童积极地探索和展现他的自由,可以帮助儿童实现真正意义上的独立。[①]

3. 完全人格的培养

蒙台梭利认为,儿童可以通过重复操作来获得多方面的能力,从而建构完善的人格。每一个儿童都有自我完美的倾向,在不断重复、渐趋完美、达到完美的过程中获得理解,培养专注力。

4. 把握儿童敏感期

蒙台梭利指出,0—6岁的儿童有着自己独一无二的兴趣爱好,而且这个阶段也是他们的关键敏感期,因此,教师应该根据这些儿童的需求,给予恰当的指导,帮助他们尽情地发挥自身的潜能。

5. 摒除单一奖惩制度

蒙台梭利教育教学法不依赖单一的奖惩制度来驱动儿童的学习,而是强调通过内在动力和自我满足来激发学习兴趣。

6. 丰富的教材与教具

蒙台梭利教室提供了各种精心设计的教具和材料,以满足儿童通过感官探索环境的需求。

7. 混龄教育

蒙台梭利教室中通常包含不同年龄段的儿童,主张让他们以个别与小组结合的形式开展教学活动,促进他们之间的社交互动和学习。

(三) 对蒙台梭利教学法的评价

从20世纪初期开始,蒙台梭利教育理念便被引进中国,经过多年的探索与实践,它已经渗透到了全国各个角落。

蒙台梭利教学法旨在为儿童提供一个充满自主性的学习环境,让他们可以根据自己的兴趣、需求和情况,选择"有准备的环境"等有益的教学材料,并且利用多种教具,让他们在有趣的学习氛围中获得更多的知识和技能。这种教学方法尊重儿童的兴趣和需求,能够激发他们的主动性和积极性,促进儿童的全面发展。蒙台梭利教学法注重培养儿童的纪律性和秩序感。在蒙台梭利教室里,儿童需要遵守一定的规则和秩序,这有助于他们养成良好的行为习惯和社交技能。同时,这种教学方法也强调儿童的自我控制和自我管理能力,有助于培养他们的责任感和独立性。

蒙台梭利教学法也存在一些潜在的缺点。一方面,过度强调自我探索和发现可能会导致教育过程缺乏系统性和计划性。在这种情况下,儿童可能会在学习上遇到一些困难,需要更多的指导和支持。另一方面,蒙台梭利教学法对教师的要求较高,需要他们具备丰富的专业知识和实践经验,以便能够准确地把握儿童的敏感期和学习需求,提供适时的协助和指导。

蒙台梭利教学法需要考虑到文化和社会背景的差异。在不同的文化和社会背景下,儿童的学习和发展需求可能会有所不同。因此,在应用蒙台梭利教学法时,需要考虑到当地的文化和社会特点,进行适当的调整和改进。如何真正发挥蒙台梭利教学法的价值,使其适合我国的幼儿教育,是非常值得深思的一个问题。

---

① [意]玛利亚·蒙台梭利. 发现儿童[M]. 李婷婷,译. 北京:西苑出版社,2021.

 实践训练

一、技能实训

项目一:以一天为时间单位,以时间轴的方式,绘制蒙台梭利幼儿园一天的活动安排。

相关提示:

1. 要结合不同类型的蒙台梭利教育内容,包括团体教育活动、区域教育活动、其他类型教育活动。
2. 要注意活动的室内外交替、动静交替原理。
3. 要保证儿童户外活动时间,每天不得少于2小时,运动不少于1小时。
4. 要注意减少细碎的过渡时间,让儿童有更多照顾自己和环境的机会。

项目二:围绕某个月进行主题设计,确定每一周的主题及对应的活动内容,并查找儿童可利用的资源或材料。

相关提示:

1. 月主题选择的内容,要联系儿童生活实际,是儿童可以直接感知、亲身体验和实际操作的。
2. 周主题要紧扣月主题,层层推进教育内容。
3. 主题的选择要有可利用的资源和学习的环境。
4. 目标设定要结合儿童的最近发展区,能让儿童享受学习的乐趣。

二、思考练习

1. 根据是否配合使用了专门的"活动材料",蒙台梭利教育内容可以分为哪两种类型?
2. 结合本章内容知识点,谈谈对蒙台梭利区域教育活动内容的理解,主要包括哪几个方面,其优势和局限性分别是什么。
3. 谈谈蒙台梭利教学法的局限性。
4. 谈谈如何在幼儿园一日生活中有效运用蒙台梭利教学法。

模块二　蒙台梭利日常生活教育

模块导读

在蒙台梭利教育体系中，日常生活教育占据着举足轻重的地位。该模块不仅是对儿童基本生活技能的训练，更是他们独立自主、自我成长的重要基石。通过一系列精心设计的活动，儿童在动手操作中学会照顾自己、照顾环境，进而培养起责任感、专注力、秩序感以及独立解决问题的能力。

该模块的内容主要包括了蒙台梭利日常生活教育理论的阐述以及蒙台梭利日常生活教育的实施。该模块要求学习者能够了解并实施蒙台梭利日常生活教育活动。

学习目标

1. 认知目标：了解蒙台梭利日常生活教育思想。
2. 技能目标：能熟练、规范、完整地实施蒙台梭利日常生活教育活动。
3. 情感态度、价值观目标：萌发自我服务和照顾环境的热情，形成积极、乐观的生活态度。

思政寄语

> 为深入贯彻《国务院办公厅关于深化产教融合的若干意见》（国办发〔2017〕95号）的精神，深化产教融合，校企协同，合作育人，充分调动企业参与产教融合的积极性和主动性，《蒙台梭利教学法》的内容由高校教师与一线教师共同打造，高校教师进行理论梳理，一线教师进行实践演示，全面推进校企协同育人。

任务一　了解蒙台梭利日常生活教育基本内涵

案例导入

在蒙氏教室中,欢欢会参与到清理、整理工作中,如扫地、擦桌子、摆放物品等。这些活动不仅让欢欢学会了如何保持环境的整洁和美观,还培养了她的责任感和团队协作能力。通过亲身参与这些实践活动,欢欢能够深刻体会到劳动的价值和意义,从而更加珍惜和爱护周围的环境。

思考:该案例体现了蒙台梭利日常生活教育中的哪些内容?

任务要求

1. 了解蒙台梭利日常生活教育的概念。
2. 掌握蒙台梭利日常生活教育的内容。
3. 掌握蒙台梭利日常生活教育的原则。

一、日常生活教育的定义

日常生活教育是指在儿童生活的真实环境中,通过"与日常生活息息相关"的动作教育,包括基本动作、照顾自己、照顾环境、社交礼仪等内容,培养儿童的日常生活自理能力以及互助爱物等好习惯。

二、日常生活教育的意义

日常生活教育在人们的成长和发展中扮演着至关重要的角色,是蒙台梭利教育的基础,是后续其他教育内容的前提。

(一)日常生活教育有利于儿童独立性和自主能力的养成

日常生活教育注重儿童生活自理能力的培养,学习穿衣、洗漱、整理等。这些活动让儿童学会照顾自己,减少对他人的依赖,从而培养他们的独立性和自主能力。

(二)日常生活教育有利于儿童秩序感的培养

日常生活教育在培养儿童秩序感方面起着至关重要的作用。秩序感是指个体对事物有序排列或规则运行的敏感性和追求,它对于儿童的社会化、认知发展和情感稳定都具有重要意义。例如,玩具玩完后放回玩具箱,书籍看完后放回书架等。这种归位习惯有助于儿童形成物品有序摆放的意识,进而培养他们的秩序感。

(三) 日常生活教育促进儿童情感和社会性发展

通过日常生活教育，儿童能够学会如何与人相处、沟通和合作。他们在实践中培养同理心、尊重他人和分享的精神，为未来的社交生活打下良好的基础。

(四) 日常生活教育为儿童未来的学习和生活做准备

蒙台梭利日常生活教育通过实践的方式，让儿童掌握基本的生活技能和习惯，为他们未来的学习和生活做好充分的准备。这些技能和习惯将伴随他们一生，成为他们成功和幸福的重要支撑。

三、日常生活教育的目的

(一) 直接目的

从生物学角度来讲，儿童人格的形成主要依赖于"运动"，运动可以促进儿童智能的发展。[①] 蒙台梭利日常生活教育强调儿童需要通过各种日常生活活动来锻炼身体，如穿衣、吃饭、打扫卫生、系鞋带等，这些活动锻炼了儿童的肌肉和协调能力。

(二) 间接目的

蒙台梭利日常生活教育的目的在于通过日常生活活动促进儿童独立性、专注力、秩序感、意志力等及心智的发展，促进儿童学会照顾自己、适应社会角色、有责任担当、热爱自然环境和传承文化。这些目的的实现有助于儿童在成长过程中形成健全的人格和优秀的品质，为他们未来的生活和发展奠定坚实的基础。

四、日常生活教育的原则

(一) 循序渐进原则

循序渐进原则是指由简单到复杂，由具体到抽象，由近到远。儿童的年龄发展有一定的规律性，其生长发育具有循序渐进的特点，因此，在日常生活训练中应遵循循序渐进的原则。例如，在动作练习中，先整手抓，再到三指抓，最后两指抓，抓的物品随着动作的熟练程度，有从大到小的变化。

(二) 真实性原则

根据日常生活教育自身的特点，日常生活教育应该充分体现生活性、真实性，从贴近儿童的生活中选择教具进行操作练习，使儿童通过直接感知、操作获得生活经验。

(三) 安全性原则

蒙台梭利倡导儿童的日常生活教育要反映生活的真实性，而真实的场景中会隐藏着安全问题。因此，应该关注蒙台梭利日常生活教育的安全，包括提供教具的安全和工作训练时的安全。

(四) 基础性原则

蒙台梭利日常生活教育立足于儿童生活技能和习惯的养成，并为其一生的发展奠定坚实的基础，

---

① 刘迎杰. 蒙台梭利教学法[M]. 2版. 北京：高等教育出版社，2019.

也是后续其他教育内容的前提。

五、日常生活教育的内容

蒙台梭利日常生活教育的内容包括基本动作、照顾自己、照顾环境、社交礼仪。

（一）基本动作

基本动作是儿童在日常生活中的基本运动,包括走、站、坐、跑、跳、钻、爬等大肌肉运动,舀、移、贴、切、捞、剪、捣等使用工具的动作,抓、握、捏、夹等五指动作。

（二）照顾自己

照顾自己是指儿童提高生活自理能力以适应现实生活,主要包括物品整理、清洁练习、穿脱练习、衣饰框。

（三）照顾环境

照顾环境是指儿童学会尊重环境、尊重生命,进而树立热爱环境、保护环境的社会责任感。照顾环境主要包括清扫、擦洗、照顾动植物等工作。

（四）社交礼仪

社交礼仪是指儿童学习与人交往、沟通、交流的基本方法,使其能够顺利适应社会生活。社交礼仪主要包括谈话礼仪（打招呼、道别、邀请等）和动作礼仪（开关门、敲门、递交物品等）。

任务二　实施蒙台梭利日常生活教育

案例导入

在温馨的更衣室内,儿童围坐在小椅子上,面前摆放着各式各样的衣物。魏老师首先向儿童展示了如何正确地穿衣、系扣、拉拉链。随后,她鼓励儿童自己动手尝试。有的儿童一开始显得有些笨拙,但在魏老师的耐心指导和同伴的相互帮助下,逐渐掌握了技巧,脸上洋溢着成功的喜悦。

思考：该案例中儿童操作的内容属于蒙台梭利日常生活教育的什么内容,有什么作用？

任务要求

1. 熟练实施蒙台梭利日常生活教育中的基本动作的内容。
2. 熟练实施蒙台梭利日常生活教育中的照顾自己的内容。
3. 熟练实施蒙台梭利日常生活教育中的照顾环境的内容。
4. 熟练实施蒙台梭利日常生活教育中的社交礼仪的内容。

一、基本动作

(一) 大肌肉动作

案例一　蒙氏走线

1. 教具构成

蒙氏走线带(见图2-1)、轻音乐、钢琴。

2. 教具目的

直接目的:学习基本走路的方法。

间接目的:增强幼儿独立性和专注力。

3. 年龄

2—3岁。

4. 演示

(1) 教师邀请幼儿进入走线区域内,播放轻音乐将双脚踩在走线带上并示范小手抬平、脚跟对脚尖的动作。(见图2-2)

(2) 在走线过程中对幼儿的手部姿势及时地加以引导。(见图2-3)

(3) 教师引导幼儿保持平衡,脚跟对脚尖徒手无障碍地走线(时间不超过5分钟),可进行手部姿势的更替。

(4) 走线结束,引导幼儿分组上课。

图2-1　蒙氏走线带

图2-2　步骤1

图2-3　步骤2

5. 延伸操作

在活动室内走、拿物品走等。

6. 错误控制

走路姿势不好、步伐混乱。

案例二　站

案例三　坐

案例四　钻爬

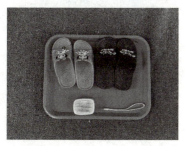

图2-4　站

图2-5　坐

图2-6　钻爬

站　　站　　　　坐　　坐　　　　钻爬　钻爬

（二）使用工具的动作

案例一　捣花生

1. 教具构成

托盘、研磨碗捣锤一套、小刷子一个、碟子、小碗两个、花生若干。（见图2-7）

2. 教具目的

直接目的：练习手眼协调。

间接目的：锻炼对手部肌肉力量的掌控力。

3. 年龄

2—3岁。

4. 演示

（1）邀请幼儿围站在操作桌周围，选择并介绍工作："今天我要操作的工作是'捣花生'，请小朋友注意看。"

（2）先把研磨碗与捣锤取出。（见图2-8）

（3）从装有花生的碗中倒取少许花生至研磨碗中。

（4）左手拿起捣锤头底部，右手手心朝上以五指抓的方式拿住顶部。

（5）捣锤头向下轻轻捣碎花生。（见图2-9）

（6）花生捣碎后，取小刷子把捣锤头部的花生碎屑扫入研磨碗中。

（7）将研磨碗内所有花生屑倒入小碗中，配合小刷子把研磨碗刷干净。

（8）收拾整理工作教具。

（9）请幼儿品尝。

图2-7　教具　　　　图2-8　步骤2　　　　图2-9　步骤6

5. 延伸操作

（1）捣碎的花生可用作佐料放于凉菜或其他菜系中食用品尝。

（2）回家捣核桃、捣杏仁等。

6. 错误控制

研磨碗与捣锤头的相互匹配。

案例二　大勺舀水果　　**案例三　拧螺帽**　　**案例四　切黄瓜**

图2-10　大勺舀水果　　图2-11　拧螺帽　　图2-12　切黄瓜

大勺舀水果　大勺舀水果　　拧螺帽　拧螺帽　　切黄瓜　切黄瓜

（三）五指动作

案例一　五指抓绿豆

1. 教具构成

托盘一个、玻璃器皿两个、绿豆若干。（见图2-13）

五指抓绿豆

2. 教具目的

直接目的：发展用整只手移动物品的能力。

间接目的：(1)锻炼手眼协调能力。

(2)锻炼五指的灵活性，为书写做准备。

3. 年龄

2—3岁。

4. 演示

(1) 介绍工作："今天我要操作的工作是'五指抓绿豆'，请小朋友们仔细看。"

(2) 伸出右手凌空示范五指抓的动作三次。（见图2-14）

(3) 左手扶左碗，右手将左碗中的绿豆抓入右碗中。（见图2-15）

(4) 重复动作至手抓完。

(5) 重复步骤，再将右碗中的绿豆抓入左碗中（双手不能十字交叉）。放回时左手扶住左碗，右手抓绿豆放回左碗，左手平放在桌面上。

(6) 操作完毕，收拾整理工作教具，说结束语："我今天的工作操作完毕，请小朋友自选工作操作。"

图2-13　器皿、绿豆教具　　图2-14　步骤2　　图2-15　步骤3

5. 延伸操作

可将内容物更改为核桃、珠子、彩球等。

6. 错误控制

避免双手交叉操作。

案例二　三指抓五谷分类　　**案例三　二指投牙签**　　**案例四　穿针**

图2-16　三指抓五谷分类

图2-17　二指投牙签

图2-18　穿针

二、照顾自己

(一) 物品整理

案例一　挂毛巾

1. 教具构成

毛巾、毛巾架、盆。(见图2-19)

2. 教具目的

直接目的:学习正确挂毛巾的方法。

间接目的:锻炼幼儿提高手眼协调能力,建立秩序感。

3. 年龄

3—4岁。

4. 演示

(1) 将幼儿带到毛巾架前并说:"今天我要操作的工作是'挂毛巾'。"

(2) 从盆里取一块毛巾。

(3) 将毛巾挂到毛巾架的线上。(见图2-20)

(4) 按同样的方法,将剩下的毛巾挂整齐。(见图2-21)

(5) 操作完毕。

图2-19　教具

图2-20　步骤3

图2-21　步骤4

5. 延伸操作

学习挂自己的小汗巾。

6. 错误控制

毛巾未铺平展开。

案例二 整理书柜

1. 教具构成

毛巾、书柜。(见图2-22)

2. 教具目的

直接目的:学习整理物品。

间接目的:提高动手能力、独立性和专注力。

3. 年龄

4—6岁。

4. 演示

(1) 教师取出书柜第一层的图书(从上向下数)。

(2) 取毛巾擦拭第一层书柜。(见图2-23)

(3) 将图书与书柜上的标签——对应。找到对应标签把书放好,寻找下一本书。(见图2-24)

(4) 逐层完成图书的摆放。

(5) 摆放完书,清洗毛巾,收拾整理。

图2-22 教具　　　　　图2-23 步骤2　　　　　图2-24 步骤3

5. 延伸操作

修补书本。

6. 错误控制

在图书柜上贴上相应的标识。

(二) 清洁练习

案例一 刷牙

1. 教具构成

牙具(牙刷、儿童牙膏、漱口杯),托盘,牙模型。(见图2-25)

2. 教具目的

直接目的:学习正确的刷牙方法。

间接目的:掌握自理能力。

3. 年龄

3—4岁。

4. 演示

(1) 教师介绍工作:"今天我操作的工作是'刷牙',请小朋友注意看。"

(2) 先认识牙齿构造,让幼儿知道牙齿的重要性。

(3) 介绍牙具。

(4) 挤牙膏。(见图2-26)

(5) 边刷牙模型边介绍刷牙步骤。先刷牙外侧面,上牙从上往下刷,下牙从下往上刷。再刷牙内侧面,也是上牙从上往下刷,下牙从下往上刷。最后刷咬合面,咬合面要来回刷。(见图2-27)

(6) 结合刷牙步骤图再重复刷一次。

(7) 洗牙刷。

(8) 整理牙具,收拾整理其他工作教具:"我今天的工作操作完毕,请小朋友选择自己喜欢的工作操作。"

图2-25 刷牙教具

图2-26 步骤4

图2-27 步骤5

5. 延伸操作

请幼儿回家按照正确刷牙方式刷牙。

6. 错误控制

刷牙的正确步骤图。

案例二 洗手

案例三 给洋娃娃洗头

案例四 给洋娃娃洗澡

图2-28 洗手

图2-29 给洋娃娃洗头

图2-30 给洋娃娃洗澡

2-10文档 洗手　2-16视频 洗手

2-11文档 给洋娃娃洗头　2-17视频 给洋娃娃洗头

2-12文档 给洋娃娃洗澡　2-18视频 给洋娃娃洗澡

(三) 穿脱练习

案例 给洋娃娃穿衣服

2-19视频 给洋娃娃穿衣服

1. 教具构成

洋娃娃、裙子、托盘。(见图2-31)

2. 教具目的

直接目的:给洋娃娃穿衣服,锻炼手部小肌肉。

间接目的:掌握独立穿衣的能力。

3. 年龄

4—6岁。

4. 演示

(1) 教师介绍工作:"今天我要操作的工作是'给洋娃娃穿衣服',请小朋友注意看。"
(2) 先给洋娃娃选一件裙子,然后把洋娃娃裙子后背的魔术贴撕开。(见图 2-32)
(3) 左手扶着洋娃娃,右手拿着裙子,把洋娃娃的裙子从脚套进去。(见图 2-33)
(4) 把裙子往上拉,直到裙子拉到洋娃娃的胸口,再把洋娃娃后背的魔术贴贴回去。
(5) 操作结束:"今天我的工作操作完毕,请小朋友进行操作。"教师确保地毯和教具放回原位后,再请幼儿自选工作操作。

图 2-31 洋娃娃、裙子等

图 2-32 步骤 2

图 2-33 步骤 3

5. 延伸操作

(1) 给洋娃娃穿鞋、穿裤子。
(2) 幼儿给自己穿脱衣物。

6. 错误控制

衣服设置正反面。

(四) 衣饰框

案例一 衣饰框——按扣

1. 教具构成

衣饰框——按扣。(见图 2-34)

2. 教具目的

直接目的:练习小肌肉的动作,尤其是三指(大拇指、食指、中指)。
间接目的:萌发自我服务的意识。

3. 年龄

2—3 岁。

4. 演示

(1) 介绍工作:"今天我要操作的工作是'衣饰框——按扣',请小朋友们仔细看。"
(2) 左、右手拿住衣饰两边,将按扣从下往上一颗一颗打开。(见图 2-35)
(3) 全部解开后,把右边和左边向各自方向打开,打开后合拢。
(4) 对准扣孔用右手将凹扣用力压,从下往上扣。(见图 2-36)
(5) 用双手拉衣饰,检查扣上没有。
(6) 结束话语:"我今天的工作操作完毕,请小朋友们选择工作操作。"

2-20 视频
衣饰框——按扣

图 2-34 按扣衣饰框

图 2-35 步骤 2

图 2-36 步骤 4

5. 延伸操作

（1）用不同物品上的按扣进行练习，如：外套、马甲。

（2）帮助他人穿衣服。

6. 错误控制

在工作中，如果发现有多余的按扣未完成或者上下不齐，就需要幼儿重新检查或调整位置。

案例二　衣饰框——扣皮带扣

图 2-37　衣饰框——扣皮带扣

衣饰框——扣皮带扣

衣饰框——皮带扣

案例三　衣饰框——拉拉链

图 2-38　衣饰框——拉拉链

衣饰框——拉拉链

衣饰框——拉拉链

案例四　衣饰框——系蝴蝶结

图 2-39　衣饰框——系蝴蝶结

衣饰框——系蝴蝶结

衣饰框——系蝴蝶结

三、照顾环境

(一) 清扫

案例一　扫石子

1. 教具构成

小扫帚、簸箕、空碗、石子、托盘、美纹胶、工作毯。（见图 2-40）

2. 教具目的

直接目的：练习扫的动作，锻炼精细动作，提高手眼协调性。

间接目的：获得清洁感和秩序感。

3. 年龄

3—4 岁。

扫石子

4. 演示

(1) 让幼儿围桌观看,教师介绍工作:"今天我要操作的工作是'扫石子',请注意看。"
(2) 去教具柜上取工作教具,放到桌子上。
(3) 将碗中的石子倒在托盘里。
(4) 用手握住扫帚三分之一处,按左上右下的顺序扫到一起,扫进控制线(美纹胶粘贴而成)内。
(5) 用另一只手握住簸箕,用扫帚将石子扫进簸箕内。(见图2-41)
(6) 将簸箕内的石子倒回碗里。(见图2-42)
(7) 工作完成,整理工作教具。
(8) 将工作教具送回教具柜,说结束语:"我今天的工作操作完毕,请小朋友自选工具操作。"

图2-40 教具

图2-41 步骤5

图2-42 步骤6

5. 延伸操作

(1) 幼儿动手操作扫石子,教师巡回指导。
(2) 在家里尝试用扫帚、簸箕扫地。

6. 错误控制

(1) 控制线。
(2) 有没有把豆子完全扫干净。

案例二　扫纸片

图2-43 扫纸片

扫纸片　扫纸片

案例三　扫细沙

图2-44 扫细沙

扫细沙　扫细沙

案例四　扫地

图2-45 扫地

扫地　扫地

(二) 擦洗

案例　擦桌子

1. 教具构成

盆、水壶、抹布、水桶、托盘。(见图2-46)

2. 教具目的

直接目的:学习擦的正确方法。
间接目的:体验独立、自我服务,提高专注力。

擦桌子

3. 年龄

3—4岁。

4. 演示

(1) 介绍工作,取工作教具放于桌面。

(2) 把水壶里的水倒入盆中。

(3) 将抹布放入盆中沾水后拧干。

(4) 从左向右、从上到下擦拭桌子。(见图2-47)

(5) 把抹布放进盆里清洗,再拧干。(见图2-48)

(6) 把用过的水倒进桶里。

(7) 收拾整理工作教具,并说结束语。

图2-46 教具

图2-47 步骤4

图2-48 步骤5

5. 延伸操作

在家里尝试用抹布擦茶几。

6. 错误控制

毛巾是否洗干净,水是否洒太多在桌子上。

(三)照顾动植物

案例一 给花浇水

1. 教具构成

一盆植物、浇花的小水壶、海绵。(见图2-49)

2-29 视频
给花浇水

2. 教具目的

直接目的:学会照顾花草树木。

间接目的:提高动作的协调性、锻炼手腕能力。

3. 年龄

2—3岁。

4. 演示

(1) 介绍工作:"今天我要操作的工作是'给花浇水',请小朋友们仔细看。"

(2) 提水壶:右手四个指头握住壶把手,大拇指按住把手上部。(见图2-50)

(3) 左手扶住壶嘴下方。

(4) 水壶提到植物上方,倾斜壶嘴把水倒到花盆里。(见图2-51)

(5) 收拾整理工作教具,并说结束语:"今天我的工作操作完毕,请小朋友们选择自己喜欢的工作操作"。

图2-49 给花浇水教具

图2-50 步骤2

图2-51 步骤4

5. 延伸操作

擦拭植物。

6. 错误控制

水是否洒在桌面上。

案例二　给小鱼换水

1. 教具构成

鱼缸、漏勺、小桶、玻璃碗、毛巾、鱼、托盘、水壶。(见图2-52)

2. 教具目的

直接目的：学习正确给小鱼换水。

间接目的：学习照顾环境，获得专注力和秩序感。

3. 年龄

3—4岁。

4. 演示

(1) 取工作教具，将其放于桌子上并介绍："今天我要操作的工作是'给小鱼换水'。"

(2) 把小鱼从鱼缸里捞出来放在装有水的玻璃碗里。(见图2-53)

(3) 把鱼缸里的水倒到废水桶里。

(4) 用毛巾清洗鱼缸，并在鱼缸里加入干净的水。(见图2-54)

(5) 再把小鱼从玻璃碗里捞出来放入鱼缸里。

(6) 最后用毛巾把水渍擦干净。

(7) 收拾整理工作教具，并说结束语。

图2-52　给小鱼换水教具

图2-53　步骤2

图2-54　步骤4

5. 延伸操作

给乌龟洗澡。

6. 错误控制

注意清洗鱼缸。

四、社交礼仪

(一) 谈话礼仪

案例　握手和问候

1. 教具构成

创设做客的情境。(见图2-55)

2. 教具目的

直接目的：学会握手和简单的问候。

间接目的:学习与他人交往,养成懂礼貌的好习惯。

3. 年龄

3—4岁。

4. 演示

(1) 介绍工作:"今天我要操作的工作是'握手和问候',请小朋友们仔细看。"

(2) 创设情境,请幼儿思考遇到请客的主人,该怎么办。

(3) 主班配班教师分别扮演请客的主人和客人,请幼儿观察主人和客人是如何握手和问候的。

(4) 主班教师以端正的姿态站立、挺胸、收腹。

(5) 主班教师慢慢走近配班教师,主动伸出右手,稍用力握住对方伸过来的手。(见图2-56)

(6) 主班教师看着配班教师的眼睛,微笑并主动说"你好"。(见图2-57)

(7) 让幼儿两两组合上台练习,教师注意观察并及时指导。

图2-55 创设情境　　图2-56 步骤5　　图2-57 步骤6

5. 延伸操作

练习交谈中的插话礼仪。

6. 错误控制

(1) 握手时的正确姿势。

(2) 问候的声音不够洪亮。

(二) 动作礼仪

案例　开关门

1. 教具构成

可以开关的门。(见图2-58)

2-32视频
开关门

2. 教具目的

直接目的:学习开门、关门的正确方法。

间接目的:培养良好的礼节。

3. 年龄

2—3岁。

4. 演示

(1) 将幼儿带到门前,并说:"今天我要操作示范的工作是'开关门',请小朋友们仔细看。"

(2) 开门:双手握住门把,按顺时针方向轻轻旋转,然后把门慢慢拉开。(见图2-59)

(3) 关门:双手握住门把,按逆时针方向轻轻旋转,将门往里推,直至把门关紧后双手再放开门把。(见图2-60)

(4) 鼓励幼儿一一上前练习,教师进行针对性指导。

5. 延伸操作

在练习门的开关之后,可以准备各种锁、螺丝、瓶子来让幼儿练习拧、转等技能。

图2-58　可以开关的门　　　图2-59　步骤2　　　图2-60　步骤3

6. 错误控制

注意门把要按顺时针方向旋转。

 实践训练

一、技能实训

项目：日常生活教育活动设计与组织。

要求：

1. 以小组为单位，自选日常生活教育的内容，设计一节日常生活教育的教学活动，写出教案，内容应包括教具构成、教具目的、适合年龄、基本操作、练习及延伸活动、错误控制。

2. 以小组为单位，根据设计的教学方案，小组成员一人扮演教师，其余充当学生，组织一节日常生活教育活动，并录制视频。

二、思考练习

1. 蒙台梭利日常生活教育在儿童发展中的作用是什么？
2. 比较蒙台梭利日常生活教育与健康领域中的日常生活教育的异同。
3. 如何挖掘日常生活中的教育要素？

模块三　蒙台梭利感官教育

模块导读

蒙台梭利认为,儿童在早期发展阶段,主要通过感官来认识和理解世界。视觉、听觉、触觉、味觉、嗅觉等感官是儿童获取信息、构建认知体系的重要渠道。因此,感官教育在蒙台梭利教育中占据着举足轻重的地位。它不仅能够帮助儿童发展其精细的感官能力,还能提高儿童的观察力、注意力及判断力。

该模块的内容包括蒙台梭利感官教育的相关理论和蒙台梭利感官教育的具体实施,该模块要求学习者了解并实施蒙台梭利感官教育活动。

学习目标

1. 认知目标:了解蒙台梭利感官教育的内容。
2. 技能目标:能熟练、规范、完整地实施蒙氏感官教育活动。
3. 情感态度、价值观目标:萌发对蒙台梭利感官教育的兴趣,体验操作工作教具的乐趣。

思政寄语

教育部等九部门关于《"十四五"学前教育发展提升行动计划》中提出深化学前教育改革,完善培养方案,强化学前儿童发展和教育专业基础,注重培养学生观察了解儿童,支持儿童发展的实践能力。在高等学校学前教育专业增加特殊教育专业课程,提高师范生的融合教育能力。了解蒙台梭利感官教育的知识点,掌握蒙台梭利感官教育训练的具体操作方法,有利于为学生提供更具体、更实操的指导。针对特殊儿童的指导越具体越明确越好。

任务一　了解感官教育的基本内涵

案例导入

天天是一个3岁的孩子,在蒙台梭利教室里,他最喜欢的是插座圆柱体组。这组教具通过不同大小的圆柱体,帮助儿童辨别物体的高矮和粗细。天天在操作这些圆柱体时,总是非常专注,他会反复尝试将圆柱体放入不同的圆穴中,直到找到正确的位置。通过这个过程,天天不仅提高了视觉区辨能力,还学会了如何进行比较和排序。

思考: 案例中天天操作插座圆柱体属于感官教育的什么内容？有何作用？

任务要求

1. 了解蒙台梭利感官教育的概念。
2. 掌握蒙台梭利感官教育的内容。
3. 掌握蒙台梭利感官教育的原则。

《指南》指出要"最大限度支持和满足幼儿通过感知、实际操作和亲身体验获取经验的需要",蒙台梭利感官教育的实施能有效实现《指南》的要求。

一、感官教育的定义

感官教育主要是指视觉、听觉、味觉、嗅觉及触觉等外界刺激传递给大脑所形成的感知觉经验,并内化到个体的认知系统中,形成观念、思想、理解等方面的能力。

二、感官教育的意义

在蒙台梭利的儿童教育体系中,感官教育占有十分重要的地位,蒙台梭利认为,感官是心灵的窗户,感官教育的发展处于智能发展之前,感官教育是进行语言教育、数学教育和科学文化教育的基础。

(一) 感官教育有利于儿童心理健康发展

根据现代心理学的研究,在儿童的认知过程中,感知觉有着十分重要的地位,儿童在认识事物的时候基本是依靠自身的直接感知,儿童的记忆和思维的发展直接依赖感知的具体材料,儿童的思维经常为感知觉所左右,其情绪和意志行动,也常受直接感知的影响而变化,因此,感官教育对儿童心理健康发展有着十分重要的意义。

(二) 感官教育是智能发展的基础

儿童心理发展具有各种敏感期。儿童从出生起,就会借助听觉、视觉、味觉、触觉等感知觉来熟悉环境,了解事物。蒙台梭利认为,智能的培养首先依靠感觉,感觉训练是基本的智能活动,通过感觉训练使儿童能辨认、配对、排序、分类,这就是智能和文化学习。对儿童进行感官教育可以提早发现儿童在感觉技能方面存在的欠缺,以便及时纠正,还能够激发儿童的探索欲,培养儿童的自发性及创造性,使儿童能够主动进行观察及思考,形成准确的概念,且概念是进行智能活动的必要材料,因而感官教育是智能发展的基础。

(三) 建构智力,为学习数学做准备

当儿童通过感官经验对世界有了印象后,儿童在操作物体的过程中会对物体进行组织、分类及排序,这意味着儿童的智力在不断发展,儿童通过多种方法发现物品的规律,并通过感官进行探索。儿童不仅通过探索发现物体的大小、高矮,同时通过物体之间的对比来认知和感受其细微差别,这些差别背后的概念和意义都会储存在儿童心中,促进儿童心智的发展,为后续学习奠定经验和操作的基础。

(四) 感官教育可以促进儿童对美的感受、理解和表达

感官教具外观制作精良、富有美感,如其色彩、造型、材质等,能够吸引儿童的注意力。对于儿童而言,在早期注重感官训练,是儿童长大后具有一定的审美能力和艺术鉴赏能力的必要前提。

三、感官教育的目的

蒙台梭利认为感官教育"具有双重目的:一是生物学的目的,二是社会学的目的"。

(一) 直接目的

从生物学角度来讲,0—3岁时,儿童无意识地通过"吸收性心智"来认识和适应周围世界;3—6岁时,则通过感官来完成这个过程。感官教育的目的是通过训练儿童的各种感官,促进儿童身心自然和谐发展。

(二) 间接目的

从社会学角度来讲,为了适应社会环境,儿童必须对周围环境有敏锐的观察力,蒙台梭利在《吸收性心智》中曾提到:"感官是我们环境接触的点,而心智可以借助感官所吸收的经验变得非常熟练。"[1]感官是获得信息的重要来源之一,是信息的接收器和筛检程序,信息经过理性的思辨、反省才能成为真理。

蒙氏感官教育间接目的可归纳为以下五点:

1. 认识物体基本属性

认知物体的基本属性、基本特征。儿童通过感知觉的接触刺激,刺激传输到大脑,在大脑中形成知觉,认识到物体的感性层次。

2. 发展儿童的感知力

感官教育作为蒙台梭利教育中最重要、最富有特色的部分,其目的在于培养儿童视觉、听觉、嗅觉、味觉、触觉的感知能力,为之后的数学学习及其他领域的学习做准备,培养儿童初步的序列、分析、判断等能力,为更高层次的思维能力及行为奠定基础。

---

[1] [意]玛利亚·蒙台梭利. 吸收性心智[M]. 兰州:兰州大学出版社,2001.

3. 有助于儿童头脑中概念的形成

学龄前儿童作为感官探索者,在操作物体时,通过对物体进行观察、比较、判断,培养敏锐的感官,帮助积累具体的感觉并促进抽象概念的形成。

4. 建立逻辑思考能力的基础

感官教育是高级心理活动发展的基础,感官教育可以培养儿童的敏锐力、观察力、判断力和意志力等各方面的能力。蒙台梭利认为儿童具有"吸收性心智",儿童能够在无意识的状态下吸收许多感觉印象,在缺乏整理的情况下,这些印象会变得模糊,感官教育能够使儿童对这些印象进行分类、整合,由具体形象思维向抽象思维发展。

5. 有助于儿童手眼协调能力、专注力、独立性以及秩序感的培养

感官教育主要分为视觉教育、触觉教育、听觉教育、味觉教育、嗅觉教育,感官教具具有孤立性、秩序性的特点。儿童在操作教具的过程中,能够发展专注力、独立性和建立秩序感,逐渐养成手眼协调的能力。

四、感官教育的原则

(一) 循序渐进原则

循序渐进原则是指由简单到复杂,由具体到抽象,由近到远。儿童的年龄发展有一定的规律,感官的发展依赖于儿童的肌肉训练,儿童的生长发育具有循序渐进的特点,因此,在感官训练中应遵循循序渐进的原则。

(二) 因材施教原则

感官教育应该根据儿童自身的特点,由儿童自由选择教具,单独操作,因材施教。

(三) 自我教育原则

蒙台梭利倡导儿童在感官训练中,应根据自身的能力和需求进行自由的选择、独立操作、自我矫正,努力把握与环境的关系。

五、感官教育的内容

蒙台梭利感官教育的内容包括视觉教育、触觉教育、听觉教育、味觉教育、嗅觉教育。

(一) 视觉教育

视觉教育是指培养儿童辨别物体大小、颜色、形状等视觉能力的教育。视觉教育的目的是发展儿童的视觉,提高儿童视觉的敏锐性。视觉教具主要包括:圆柱体,粉红塔,棕色梯,长棒,色板,平面几何图形(三角形、四边形、多边形等),几何立体组(正方体、长方体、圆柱体等)。

(二) 触觉教育

触觉教育是指让儿童通过接触不同属性的物体,锻炼皮肤觉、温度觉、压觉的敏锐度。触觉教具主要包括:触觉板、布盒、重量板、温觉板。

(三) 听觉教育

听觉教育是指教导儿童辨别声音的强弱、高低、种类(例如乐音的音色)。听觉教育的目的是提高

儿童对声音的敏锐性，听觉教育的训练有助于提升儿童对声音的审美能力和鉴赏能力。听觉教具主要包括听筒和音感铃。

（四）味觉教育

味觉教育是指让儿童用舌头去品尝酸、甜、苦、辣四种简单的味道。味觉教育有助于提高儿童舌头对味道的敏感性以及灵活性。味觉教具主要包括味觉瓶。

（五）嗅觉教育

嗅觉教育是指让儿童用鼻子去辨别香水、花、薄荷、茶叶、咖啡、杏仁等具有特殊气味的物体。嗅觉教育能够锻炼儿童对各种气味的敏感性。嗅觉教具主要是嗅觉瓶。

六、感官教育的学习方法

三阶段教学法是蒙氏感官教育中最常用的学习方法，在感官教育中，借助三阶段教学法帮助儿童将抽象的物体性质通过语言表达出来，以区分相同性质之间的差异。三阶段教学法主要由命名、辨别、发音三个阶段组成。

第一阶段：命名。命名阶段是儿童对物体名称的认识，一般由指导教师指出物体并准确说出物体的名称，帮助儿童建立物体和名称之间的联系。

基本操作：将需要认识的物体摆在儿童面前，然后分别命名。例如，教师将插座圆柱体中最高和最矮的拿出来，指着最高的告诉儿童"这是最高的圆柱体"，指着最矮的告诉儿童"这是最矮的圆柱体"。

第二阶段：辨别。辨别阶段是为了帮助儿童加强建立物体和名称之间的对应关系，检验前一阶段的效果。

基本操作：

（1）将需要辨别的物体放置在儿童面前，进行询问或是提出要求，例如，教师拿出最高的插座圆柱体、最矮的插座圆柱体，对儿童说"请指出哪个是最高的圆柱体""请指出哪个是最矮的圆柱体"。

（2）将物体序列打乱，再次进行询问。

第三阶段：发音。发音阶段是为了帮助儿童加深对名称或概念的记忆，让儿童能够正确说出物体的名称或概念。

基本操作：教师出示类似物体，对儿童进行询问或是提出要求，例如，教师拿出最高的插座圆柱体、最矮的插座圆柱体，对儿童进行提问"请小朋友说出这个是什么（最高的）""那个是什么（最矮的）"。

任务二　实施蒙台梭利感官教育

案例导入

张老师利用各种乐器和声音设备，为丁丁创造了一个充满音乐与节奏的世界。通过敲击乐器、聆听自然声音和人为制造的声音，丁丁逐渐学会了分辨不同的音高、音量和音色。同时，张老师还引导丁丁参与简单的音乐活动，如拍打节奏、演唱歌曲等，让他在享受音乐的同时，也锻炼了听觉的敏锐度和协调性。

思考:案例中张老师引导丁丁参与的活动属于感官教育的哪部分内容？有何作用？

任务要求

1. 熟练实施蒙台梭利视觉教育的内容。
2. 熟练实施蒙台梭利触觉教育的内容。
3. 熟练实施蒙台梭利听觉、味觉、嗅觉教育的内容。

一、蒙台梭利视觉教育的实施

（一）插座圆柱体

插座圆柱体共有四组（A、B、C、D），每组都有 10 个圆柱体和 10 个对应的圆穴，按照一定的规律变化组成。

第一组（A组）：高度相同，直径递减。高度约为 5.5 cm，直径按照 0.5 cm 等差递减，直径最长 5.5 cm，最短 1 cm。

第二组（B组）：高度和直径同时递减。最大圆柱体高度和直径约为 5.5 cm，最小圆柱体高度和直径约为 1 cm，高度和直径同时按照 0.5 cm 等差递减。

第三组（C组）：高度和直径按照等差反比变化，圆柱体直径递减，高度递增。直径从 5.5 cm 到 1 cm，高度从 1 cm 到 5.5 cm。

第四组（D组）：高度递减，直径不变。高度按照 0.5 cm 等差递减，最高 5.5 cm，最低 1 cm，直径约为 2.5 cm 不变。

案例一　插座圆柱体——A 组

插座圆柱体——A 组

1. 教具构成

插座圆柱体——A 组、工作毯。（见图 3-1）

2. 教具目的

直接目的：用视觉辨别粗细。

间接目的：提升专注力、观察力。

3. 年龄

2—3 岁。

4. 演示

(1) 教师取出工作教具，并用三指示范。

(2) 教师示范操作：左手扶住插座底部，右手依次从左到右取出圆柱（有序地拿，无序地放）。（见图 3-2）

(3) 将所有圆柱取出后，右手从左到右抚摸一遍圆柱圆穴。

(4) 从左到右依次将圆柱与圆穴进行匹配，匹配则点点头，不匹配则摇摇头，继续进行匹配。（见图 3-3）

(5) 所有圆柱放回后，用右手从左到右抚摸一遍。

(6) 三阶段教学。

命名：（取出最粗的和最细的圆柱体）"这是最粗的，这是最细的。"

辨别:"请告诉我大的在哪里?请告诉我小的在哪里?"

发音:"请告诉我这是——(粗的),这是——(细的)。"

(7) 工作操作完毕,收拾整理工作教具。

图 3-1 插座圆柱体——A组　　图 3-2 步骤2　　图 3-3 步骤4

5. 延伸操作

跟彩色圆柱体配对操作,认识生活中物体的粗细。

6. 错误控制

圆柱与圆穴的不匹配。

案例二　插座圆柱体——B组

图 3-4 插座圆柱体——B组

3-1文档　3-2视频

插座圆柱体——B组　插座圆柱体——B组

案例三　插座圆柱体——C组

图 3-5 插座圆柱体——C组

3-2文档　3-3视频

插座圆柱体——C组　插座圆柱体——C组

案例四　插座圆柱体——D组

图 3-6 插座圆柱体——D组

3-3文档　3-4视频

插座圆柱体——D组　插座圆柱体——D组

其他案例:变化和延伸

1. 配对的延伸

(1) 记忆练习(分组进行):教师取出任意一组插座圆柱体,将插座和圆柱体分别放在桌面的不同方向,让儿童记住插座圆穴的大小,从另一方向位置找出合适的圆柱体嵌入。

(2) 组合练习(在四组插座圆柱体操作练习完成后进行):教师任意从四组圆柱体中取出两组,将圆柱体取出后进行混合,增加难度,让儿童进行配对练习。

(3) 相同圆柱体配对:教师将四组插座圆柱体全部取出,将圆柱体进行混合,散放在工作毯上,拿走插座,让儿童找出高矮、粗细完全相同的圆柱体进行配对。

2. 排序的延伸

(1) 戴眼罩练习:教师取出任意一组插座圆柱体,取出圆柱体,拿走插座,教师戴上眼罩进行排序练习后,儿童进行操作。当儿童操作困难时,教师进行语言提示。

(2) 归位练习:①教师任取一组插座圆柱体,取出所有圆柱体进行排序;②让儿童闭上眼睛;③教师任意拿走一个插座圆柱体,将剩余圆柱体重新整理好;④让儿童睁眼,找出取走圆柱体的位置。

(二) 彩色圆柱体

彩色圆柱体为插座圆柱体延伸教具,其形状、尺寸、数量与插座圆柱体完全相同,没有握柄和插座,分别有红、黄、蓝、绿四种颜色。

第一盒:红色,高度相同,直径递减。

第二盒:黄色,高度、直径均递减。

第三盒:蓝色,直径相同,高度递减。

第四盒:绿色,高度和直径成反比,高度越小,直径越大。

案例一　彩色圆柱体(红盒)

彩色圆柱体
(红盒)

1. 教具构成

彩色圆柱体(红盒)、工作毯。(见图3-7)

2. 教具目的

直接目的:通过视觉感知物体的大小、粗细。

间接目的:锻炼手眼协调能力,控制手臂肌肉,获得敏锐的观察力及注意力。

3. 年龄

2—3岁。

4. 演示

(1) 邀请幼儿围坐小地垫,确定工作范围。教师介绍工作:"今天我要操作的工作是'彩色圆柱体(红盒)',请小朋友注意看。"

(2) 开始操作,取来工作毯并铺好,告诉幼儿拿教具的方法,并用三指示范三次。

(3) 将圆柱有序取出,无序放置,盖上盒盖后将盒子放在毯子的右下角。(见图3-8)

(4) 用三指依次抚摸三遍,感知、寻找、判断,找到最粗和最细的两个圆柱体。

(5) 拿出最粗的和最细的圆柱体进行三段式教学。(见图3-9)

命名:"这是粗的,这是细的。"

辨别:"请这位小朋友告诉我哪个是粗的?请这位小朋友告诉我哪个是细的?"(幼儿告知后教师说谢谢。)

发音:"请这位小朋友告诉我这是——(粗的),请这位小朋友告诉我这是——(细的)。"(当幼儿无法回答时,重复命名阶段。)

(6) 操作完毕,收拾整理工作教具,依次按照由粗到细的顺序放回盒内,盖上盒盖,送回教具柜。

图3-7　彩色圆柱体(红盒)

图3-8　步骤3

图3-9　步骤5

5. 延伸操作

带插座圆柱体(粗细)和彩色圆柱体粗细的结合。

6. 错误控制

(1) 圆柱体粗细的特别设置。

(2) 用视觉和触觉去订正。

案例二　彩色圆柱体(黄盒)　　　　**案例三　彩色圆柱体(蓝盒)**

图 3-10　彩色圆柱体(黄盒)　　　　图 3-11　彩色圆柱体(蓝盒)

彩色圆柱体(黄盒)　彩色圆柱体(黄盒)　　彩色圆柱体(蓝盒)　彩色圆柱体(蓝盒)

案例四　彩色圆柱体(绿盒)

图 3-12　彩色圆柱体(绿盒)

彩色圆柱体(绿盒)　　彩色圆柱体(绿盒)

(三) 粉红塔

案例　粉红塔造塔

1. 教具构成

粉红塔、托盘、工作毯。(见图 3-13)

2. 教具目的

直接目的:观察理解由大到小的渐变顺序。

间接目的:(1) 协调手眼和手腕的控制力。

(2) 获得敏锐的观察力和持续的注意力。

3. 年龄

2—3 岁。

4. 演示

(1) 教师介绍工作:"今天我要操作的工作是'粉红塔造塔',请小朋友注意看。"

粉红塔造塔

（2）教师示范操作。从教具柜上依次从小到大拿取。最小的两块积木，左手手心朝上呈托举状，右手用拇指与食指捏合的方式拿取，有序取无序放，放在地毯上。（见图3-14）

（3）放好后依次进行寻找，找到最大的一块，点头，放到教师腿前方中间位置，依次从大到小搭建，直到搭成塔的形状。（见图3-15）

（4）操作结束说结束语："今天我的工作操作完毕，请小朋友自选工作操作。"确保地毯和教具放回原位后，再请小朋友自选工作操作。

图3-13 粉红塔

图3-14 步骤2

图3-15 步骤3

5. 延伸操作

将粉红塔叠成玫瑰。

6. 错误控制

（1）边长等差1厘米。

（2）视觉上的不协调。

（四）长棒

案例 长棒

1. 教具构成

长棒、工作毯2块。（见图3-16）

2. 教具目的

直接目的：通过视觉辨别长度，在视觉上对长度的差别有正确的了解，并依顺序叠好。

间接目的：发展手眼与肌肉的协调性。

3. 年龄

2—3岁。

4. 演示

（1）教师取工作，并介绍工作："今天我要操作的工作是'长棒'，请小朋友注意看。"

（2）示范拿长棒的方法：从最短的开始拿，两指在下，拇指朝上拿取，轻轻放到地毯上。其他长棒也同样按顺序一根一根拿，有序取无序散放在地毯上。

（3）找出最短的长棒，放在另一块工作毯的最上端，再从剩余的长棒中找出最短的，从上往下依次排好，注意左端对齐。（见图3-17）

（4）用最短的一根棒来进行测量，检验纠正错误，拿起放在第二根长棒的右端，对齐，看与第三根是否一样长，并用手（右手中指、食指并拢）在对齐的第二行与第三行右端上下触摸。再拿起最短的长棒放在第三根长棒的右端对齐，看与第四根是否一样长。并用手（右手中指、食指并拢）在对齐的第三行与第四行右端上下触摸。直到最后一根，方法同上。（见图3-18）

（5）三段教学法。

命名："这是长的，这是短的。"

辨别："请这位小朋友告诉我哪个是长的？请这位小朋友告诉我哪个是短的？"

发音:"请这位小朋友告诉我这是——(长的),请这位小朋友告诉我这是——(短的)。"

(6) 收工作,从最长的一根收起。顺序是由长到短,一根根拿放到蒙氏柜上摆好。

(7) 操作结束。教师说结束语:"今天我的工作操作完毕,请小朋友自选工具操作。"

图 3-16　长棒

图 3-17　步骤3

图 3-18　步骤4

5. 延伸操作

开展长短比较的工作。

6. 错误控制

将长棒依长短依次排列后,前后相邻两个长棒长短之差正好是最短的一根长棒的长度。

(五) 棕色梯

案例　棕色梯

1. 教具构成

棕色梯(1—10)、托盘、工作毯。(见图 3-19)

棕色梯

2. 教具目的

直接目的:从视觉上和触觉感知粗细的差异。

间接目的:锻炼手眼协调能力,学习控制手臂肌肉,获得敏锐的观察力及注意力。

3. 年龄

2—3 岁。

4. 演示

(1) 教师介绍工作:"今天我要操作的工作是'棕色梯',请小朋友注意看。"

(2) 教师示范操作:从托盘中依次从细到粗或从粗到细拿出棕色梯散放,细的3根棕色梯用两指在下,拇指朝上双手合作的方式拿取。其余的棕色梯用拇指朝上,四指在下,双手合作的方式拿取。

(3) 有序散放后,按照棕色梯的粗细进行寻找,找到最粗的一根,点头,放到工作毯左上角,依次寻找,两端对齐,从粗到细排列。(见图 3-20)

(4) 利用最细的一块进行比对,比对时,放在矮一级的棕色梯上,贴合更高的棕色梯,抚摸贴合后,两级阶梯是否齐平,确保棕色梯的排列顺序是对的。(见图 3-21)

(5) 三阶段教学:取出最粗的和最细的棕色梯。

命名:将棕色梯放置在幼儿面前,"这是粗的""这是细的"。

辨别:"请一位小朋友告诉我粗(细)的在哪里。"幼儿说出后教师说谢谢。(请小朋友回答时掌心朝上邀请小朋友。)

发音:"请某某小朋友告诉我这是(粗的、细的)?"说完后教师回应说谢谢。如幼儿回答得不清楚,则重复第一阶段命名,然后再继续询问。

(6) 将拿出的棕色梯放回,然后收工作。收工作的手法与拿取一样,有序拿取收回到托盘上。

(7) 操作结束,整理收拾工作教具,并说结束语:"今天我的工作操作完毕,请小朋友自选工作操作。"

图 3-19 棕色梯

图 3-20 步骤3

图 3-21 步骤4

5. 延伸操作

棕色梯垒高。

6. 错误控制

视觉可辨别粗细。

(六) 色板

案例一　色板一

1. 教具构成

色板一（红、黄、蓝），工作毯。（见图3-22）

色板一

2. 教具目的

直接目的：认识红、黄、蓝三原色。

间接目的：掌握基本的辨色能力。

3. 年龄

2—3岁。

4. 演示

（1）教师介绍工作："今天我要操作的工作是'色板一'，请小朋友们注意看。"

（2）依次取出色板（两指示范）散放在工作毯上。每种颜色的色板只拿一块（右手大拇指、食指捏住色板的边缘）。

（3）再将盒子中剩下来的三种颜色与工作毯上的色板进行配对。（见图3-23）

（4）三阶段教学。（见图3-24）

命名："（随意取出三块色板）这是×色。"

辨别："请告诉我×色在哪里？"

发音："请告诉这是——（×色）。"

（5）示范操作完成，收拾整理工作教具。

图 3-22 色板一

图 3-23 步骤3

图 3-24 步骤4

5. 延伸操作

（1）色板与图卡配对。

（2）涂色练习。

6. 错误控制

视觉感知。

案例二 色板二	案例三 色板三	案例四 创造性活动——棉签涂色

图3-25 色板二

图3-26 色板三

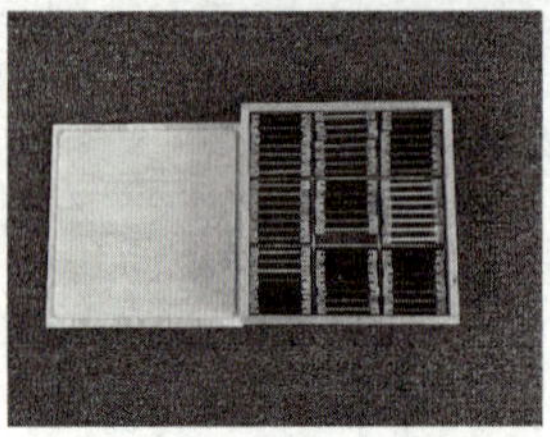

图3-27 创造性活动——棉签涂色

3-7文档 色板二　3-13视频 色板二　3-8文档 色板三　3-14视频 色板三　3-9文档 创造性活动——棉签涂色　3-15视频 创造性活动——棉签涂色

（七）几何图形嵌板橱

几何图形嵌板橱由一个木质橱柜组成，包含六层抽屉（图3-28）。六层抽屉中装有几何图形嵌板（图3-29）。

图3-28 几何图形嵌板橱 　　图3-29 六层抽屉

案例一 圆形嵌板

3-16视频 圆形嵌板

1. 教具构成

几何图形嵌板（6种圆形），地毯。（见图3-30）

2. 教具目的

直接目的：认识圆形，并比较圆形的大小。

间接目的：感知平面图形，为学习几何体打下基础，提升注意力和观察力。

3. 年龄

2—3岁。

4. 演示

（1）请幼儿按半弧形围坐好，教师介绍工作："今天我要操作的工作是'圆形嵌板'，请注意看。"

（2）将6个圆形嵌板整体取出放在地毯最上方，排成两排。将圆形从框里拿出散放在地毯上。

（3）将圆形依次与框进行比对，对的就点头放入框内，不对的就摇头再次寻找。直至所有的圆形都匹配到框内。（见图3-31）

（4）将最大的圆和最小的圆取出，进行三阶段教学。（见图3-32）

命名："这是大圆，这是小圆。"

辨别："请一位小朋友指出大圆（小圆）在哪里。"幼儿指出后，教师说谢谢。

发音："请一位小朋友指出这是——（大圆、小圆）。"幼儿说出后，教师说谢谢。（如果在辨别和发音阶段幼儿无法指出和说出,教师重复第一阶段。)

(5) 将圆形放回框中,操作完毕,收拾整理工作教具并说结束语:"今天的工作操作完毕,请小朋友自选工作操作。"

图 3-30 圆形嵌板

图 3-31 步骤 3

图 3-32 步骤 4

5. 延伸操作

几何图形的构建。

6. 错误控制

圆形与圆框的匹配。

案例二 四边形嵌板   案例三 三角形嵌板   案例四 多边形嵌板

图 3-33 四边形嵌板

图 3-34 三角形嵌板

图 3-35 多边形嵌板

3-10 文档 四边形嵌板   3-17 视频 四边形嵌板   3-11 文档 三角形嵌板   3-18 视频 三角形嵌板   3-12 文档 多边形嵌板   3-19 视频 多边形嵌板

(八) 几何学立体组

几何学立体组教具由 10 个木质的蓝色几何形状的立体组成,分别为球体、卵形体、圆柱体、椭圆体、立方体、圆锥体、三棱锥、四棱锥、三棱柱和长方体。直径和边长约为 6 cm,高约为 10 cm。

案例一 几何学立体组——球体

1. 教具构成

几何学立体组——球体、托盘、工作毯。(见图 3-36)

3-20 视频 几何学立体组——球体

2. 教具目的

直接目的:通过视觉和触觉的结合,感知立体几何形状——球体的基本特征。

间接目的:建构空间思维,发展记忆能力。

3. 年龄

3—4 岁。

4. 演示

(1) 取工作教具,教师介绍工作:"今天我要操作示范的工作是'几何学立体组——球体',请小朋友们仔细看。"

(2) 将托盘中的几何学立体组——球体依次取出放于工作毯上。

(3) 拿起第一个球体放在手里感知外形,然后放在工作毯上,用右手两指滚动感知,感知确认之后给它命名,如:"这是球体(椭球体、卵形体)。"(见图3-37)

(4) 用同样的步骤完成另外两个球体的示范教学。

(5) 进行三阶段教学,认识并能正确区分椭球体、卵形体、球体。(见图3-38)

(6) 将立体图形有序收回托盘中,收拾整理工作教具,并说结束语:"我今天示范的工作操作完毕,请小朋友们自由选择喜欢的工作,安静操作。"

图3-36 球体

图3-37 步骤3

图3-38 步骤5

5. 延伸操作

(1) 可适当增加难度,让幼儿戴上眼罩进行操作。

(2) 几何学立体组——球体与图卡配对。

6. 错误控制

三个立体图形本身具有较大差异。

案例二 几何学立体组——锥体

图3-39 几何学立体组——锥体

3-13文档　　3-21视频
几何学立体组——锥体　几何学立体组——锥体

案例三 几何学立体组——柱体

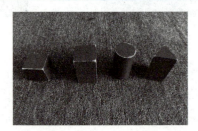
图3-40 几何学立体组——柱体

3-14文档　　3-22视频
几何学立体组——柱体　几何学立体组——柱体

案例四 几何学立体组投影

图3-41 几何学立体组投影

3-15文档　　3-23视频
几何学立体组投影　几何学立体组投影

（九）构成三角形组

构成三角形共有五个盒子：三角形盒、小六边形盒、大六边形盒、长方形盒1、长方形盒2。

案例一　三角形盒

1. 教具构成

1个大的灰色等边三角形、2个绿色直角三角形、3个黄色等腰三角形、4个红色小正三角形。（见图3-42）

2. 教具目的

直接目的：认识三角形的基本特征，了解三角形可以由多种三角形拼合而成。

间接目的：(1) 为学习几何学打下基础。

　　　　　(2) 在拼搭三角形的过程中萌发创造性思维。

3. 年龄

3—4岁。

4. 演示

(1) 教师介绍工作："今天我操作的工作是'三角形盒'，请小朋友注意看。"

(2) 取出盒中所有三角形散放在工作毯上。

(3) 将三角形分类摆放，顺序为：1个灰色三角形、2个绿色三角形、3个黄色三角形、4个红色三角形。（见图3-43）

(4) 将不同颜色的三角形分为一组，抚摸黑边，切入拼成一个更大的三角形。稍停片刻，让幼儿观察。大的绿色三角形组合好后，推上去，再继续操作下一个颜色的三角形。

(5) 取灰色三角形。

(6) 将几个大三角形继续拼成更大的三角形。（图3-44）

(7) 操作结束以后，按照从大到小的顺序依次将各个三角形放回盒子里。并说结束语："今天我的工作操作完毕，请小朋友自选工作操作。"

图3-42　三角形盒　　　　图3-43　步骤3　　　　图3-44　步骤6

5. 延伸操作

(1) 把三角形描在纸上，剪下来，制作三角图形书。

(2) 用量角器测量角度，引入角度的概念。

6. 错误控制

三角形上的黑边。

案例二　小六边形盒

1. 教具构成

小六边形盒、工作毯。（见图3-45）

2. 教具目的

直接目的：感知了解三角形可以组合拼搭成其他图形。

间接目的:(1)掌握简单的拼搭方法,为学习数学的几何学打下基础。
　　　　(2)感知1、1/2、1/3的分数概念。

3. 年龄

4—5岁。

4. 演示

(1)取工作教具,并介绍工作:"今天我要操作示范的工作是'小六边形盒',请小朋友们仔细看。"

(2)打开盒盖,将盒子翻过来倒出内容物。

(3)将所有三角形逐一翻上来,把有黑边指引线的面朝上。

(4)将相同颜色、相同大小、相同指引线的三角形放在一起,并有序排列在工作毯上方。

(5)用两指按压黑色指引线的边,逐一将小三角形分别组成新的六边形、三角形、菱形、平行四边形。

(6)将相邻的几何图形两两比对,感知它们之间的相互关系。

① 黄色等边三角形与红色六边形比对。(见图3-46)

② 绿色梯形与灰色六边形比对。(见图3-47)

③ 灰色六边形与红色菱形比对。

(7)依次将各个三角形有序收回到大六边形盒子里。(从块数多的开始收。)

(8)收拾整理工作教具,并说结束语:"我今天示范的工作操作完毕,请小朋友们自由选择喜欢的工作安静操作。"

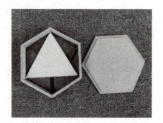
图3-45　小六边形盒

图3-46　步骤6-1

图3-47　步骤6-2

5. 延伸操作

几何图形的构建。

6. 错误控制

黑色指引线。

案例三　大六边形盒　　**案例四　长方形盒1**　　**案例五　长方形盒2**

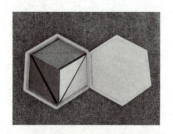
图3-48　大六边形盒

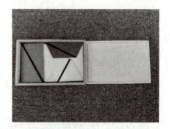
图3-49　长方形盒1

图3-50　长方形盒2

3-16 文档	3-26 视频	3-17 文档	3-27 视频	3-18 文档	3-28 视频
大六边形盒	大六边形盒	长方形盒1	长方形盒1	长方形盒2	长方形盒2

（十）二项式

案例　二项式

1. 教具构成

工作毯，1个木制正立方体盒子，装有8块不同形状、不同颜色的立方体：纯红、蓝正方体各1块；红黑相间体积不等长方体共3块；蓝黑相间体积不等长方体共3块。盒子的两个侧面装有铰链可以打开，盒盖及盒子侧面有指示性图案。（见图3-51）

2. 教具目的

直接目的：(1) 掌握简单的分类。
　　　　　(2) 体验动手操作的乐趣。
　　　　　(3) 简单认知和理解三维空间。

间接目的：(1) 体验数学的分类、推理。
　　　　　(2) 学习在情境中解决问题。

3. 年龄

3—4岁。

4. 演示

(1) 教师取工作并介绍工作名称："今天我操作的工作是'二项式'，请小朋友注意看。"

(2) 把盒子打开，盒盖上有指示性图案。将所有立方体取出散放，稍作停顿观察，根据颜色排列整齐。

(3) 根据盒盖上的颜色进行摆放，首先开始放第一层。先用手指点盒盖上的红色，然后在工作毯上寻找最大的红色立方体，放在盒盖的对应图案上。（见图3-52）

(4) 继续寻找挨着大的红色立方体的下一块。右手食指中指并拢点红色立方体侧面和下一块的底面。然后寻找侧面和底面颜色与之匹配的长方体。在放入时，需要再用二指手里观察确认那块的面和将要拼接的盒盖上的面颜色是否一致。如果不符合，摇摇头继续寻找，直到找到对应拼接面的颜色是一致的为止，然后拼入。（见图3-53）

(5) 依次找完盒盖对应图案的第一层所有长方体，然后右手抚平，表示所有立方体的高度一样，第一层是平的。

(6) 依次把盒盖上的立方体，按一定的顺序摆回盒子中。

(7) 继续同样的步骤，第一块找出红色高的长方体，再根据立方体的面和盒盖颜色把第二层所有块找出，抚平，放回盒中。

(8) 教师左手拿起拼好的盒子，分别打开两边的盒盖与里面放好的长方体进行颜色比对展示，最后与盒盖的颜色对比展示。全部符合后点点头。

(9) 盖好盒盖，收拾整理工作教具，并说结束语："今天我的工作操作完毕，请小朋友自选工作操作"。

图3-51　二项式

图3-52　步骤3

图3-53　步骤4

5. 延伸操作

颜色的分类涂色。

6. 错误控制

教具本身长、宽、高和长方体各面的颜色。

（十一）三项式

案例　三项式

1. 教具构成

工作毯，1个木制正立方体盒子，装有27块不同形状、不同颜色的立方体：纯红、蓝、黄色正方体各1块；纯黑色长方体6块；红黑相间大小不等长方体共6块；蓝黑相间大小不等长方体共6块；黄黑相间大小不等长方体共6块。盒子的两个侧面装有铰链可以打开，盒盖及盒子侧面有指示性图案。（见图3-54）

2. 教具目的

直接目的：在操作中学习分类，认知和理解三维空间。

间接目的：获得解决问题的能力，掌握简单的逻辑推理和分类能力。

3. 年龄

4岁（有二项式操作经验）。

4. 演示

（1）教师介绍工作名称："今天我操作的工作是'三项式'，请小朋友注意看。"

（2）把盒子打开，盒盖上有指示性图案。将所有立方体取出散放，稍作停顿观察。

（3）找出最大的红色立方体（a^3）。

（4）再找出矮一点的红色体（a^2c）、高一点的红色立方体（a^2b）、纯蓝色立方体（b^3）、矮一点的蓝色立方体（b^2c）、高一点的蓝色立方体（b^2a）、纯黄色立方体（c^3）、矮一点的黄色立方体（c^2b）、高一点的黄色立方体（c^2a）、纯黑立方体（abc）。依次各找出一块有序摆放。

（5）根据第一排摆好的立方体，分别寻找与它们一模一样的其他立方体，并摆放在后排。

（6）开始放第一层。先点盒盖上的红色，寻找最大的红色立方体，放在盒盖的对应图案上。（见图3-55）

（7）寻找挨着红色立方体的下一块。右手食指和中指分别点红色立方体侧面和下一块的底面。然后寻找侧面和底面颜色与之匹配的长方体。在放入时，需要再用二指点手里那块的面和将要拼接的盒盖上的面，确认颜色是否一致。如果不符合，摇摇头继续寻找，直到找到对应拼接面的颜色是一致的为止，然后拼入。

（8）依次找完盒盖对应图案的第一层所有长方体，然后右手抚平，表示所有立方体的高度一样，第一层是平的。（见图3-56）

（9）依次把盒盖上的立方体，按一定的顺序摆回盒子中。

（10）继续同样的步骤，第一块找出红色高的长方体，再根据立方体的面和盒盖颜色把第二层所有立方体找出，抚平，放回盒中。

图3-54　三项式

图3-55　步骤6

图3-56　步骤8

5. 延伸操作

分类涂色活动。

6. 错误控制

教具本身长、宽、高和长方体各面的颜色。

二、蒙台梭利触觉教育的实施

（一）触觉板

触觉板主要是让幼儿通过触觉来辨别粗糙与光滑，锻炼手部精细动作发展的能力，为幼儿的前书写作准备。触觉板教具由A板、B板、C板、D板组成。

案例一　触觉板命名练习

1. 教具构成（见图3-57）

触觉板命名练习

A板：木板一块，一半是贴有砂纸的粗糙面，一半是木质的光滑面。

B板：木板一块，光滑与粗糙以间隔的方式呈现，粗糙程度相同。

C板：木板一块，光滑与粗糙以间隔的方式呈现，粗糙程度分五级递进。

2. 教具目的

直接目的：(1)能够辨别粗糙、光滑的触觉感。

(2)能够说出光滑、粗糙的命名。

间接目的：学习控制手部肌肉运动。

3. 年龄

2—3岁。

4. 演示

(1)介绍工作名称，取工作教具。（工作前，用温水洗手，以增加手指的敏感度，用毛巾擦干双手后，再开始操作练习。）

(2)取出A板放在桌上，粗糙面的一边靠近幼儿，教师坐在幼儿右侧。

(3)触摸方法：左手轻轻扶着木板保持不移动，右手反复触摸粗糙部分，同时将感觉说出来："粗糙的。"（见图3-58）（请幼儿触摸这部分，同时轻声表达自己的感受。需要注意的是，在操作中，动作和命名练习需同时进行，这一点在实际教学过程中非常重要。）

(4)以同样的方法进行"光滑面"的练习，命名为"光滑"。

(5)待幼儿熟悉基本步骤后，进行B、C板的练习。

B板的练习：左手轻轻扶着木板保持不移动，右手食指中指并拢，按照从上到下、从左到右的顺序分别触摸粗糙和光滑的木板，感知强烈反差。（见图3-59）

C板的练习：左手轻轻扶着木板保持不移动，右手食指中指并拢，按照从上到下、从左到右的顺序连续触摸粗糙板，感知粗糙程度的递进变化。

图3-57　触觉板

图3-58　步骤3

图3-59　步骤5

(6) 请幼儿触摸感知。

(7) 示范操作完毕,收拾整理工作教具,并说明:"哪里拿的放回哪里去。"

5. 延伸操作

利用周围环境进行练习,如触摸木制家具,感知光滑程度的差异;触摸不同物体的表面,为粗糙程度排序等。

6. 错误控制

教具的粗糙与光滑可由触觉和视觉明确感知。

案例二　触觉板　　**案例三　触觉延伸——神秘袋**　　**案例四　触觉延伸**

图3-60　触觉板　　　　图3-61　触觉延伸——神秘袋　　　　图3-62　触觉延伸

(二) 布料盒

布料盒教具构成:棉质、麻质、丝质、绒质、帆布质、皮质等不同质地的布料。

案例　布料盒

1. 教具构成

布料盒、托盘、工作毯。(见图3-63)

2. 教具目的

直接目的:(1) 掌握对布料命名的能力。

(2) 通过视觉的感知能将布料按照颜色、花纹正确地配对。

间接目的:(1) 获得与布料相关的知识。

(2) 理解语言和物体的实际关联,提高触觉敏感度。

3. 年龄

3—4岁。

4. 演示

(1) 邀请小朋友围成半圆坐好。

(2) 教师介绍工作名称:"今天我示范操作的工作是'布料盒',请小朋友注意看。"

(3) 从布料盒里依次有序取出布料,无序散放于工作毯上。

(4) 以一块布料为基准放置于工作毯上方,寻找与它相同的布料进行配对。(见图3-64)

(5) 找到相同的布料放置在下面进行配对。

(6) 将6种布料配对结束后,教师对布料颜色、图案进行介绍。(见图3-65)

(7) 收拾整理工作教具并说结束语:"我今天的工作操作完毕,哪里拿的放回哪里去。"

图3-63 布料盒

图3-64 步骤4

图3-65 步骤6

5. 延伸操作

不同质地布料的配对。

6. 错误控制

布料颜色及图案的一一对应。

(三) 温觉板

案例一　温觉板

1. 教具构成

温觉板、眼罩、托盘、工作毯。(见图3-66)

3-36视频
温觉板

2. 教具目的

直接目的:(1) 辨别温度的差异。

(2) 感受温度间的差异并能正确地配对。

间接目的:分辨触觉的差异,增强触觉灵敏度。

3. 年龄

2—3岁。

4. 演示

(1) 教师介绍工作:"今天我操作的工作是'温觉板',请小朋友注意看。"

(2) 依次有序取出温觉板散放于工作毯上。

(3) 戴上眼罩,依次用掌心按压温觉板寻找配对,正确点头,错误摇头。(见图3-67)

(4) 将确定、配对好的温觉板整齐排列。(见图3-68)

(5) 进行三阶段教学。

命名:"这是——(温的、凉的、冰的……)"

辨别:"请告诉我温的是——?"

发音:"请告诉我这是——?"(指着某一块温觉板)

(6) 收拾整理工作教具,并说结束语:"我今天的工作操作示范完毕,请小朋友自己选工作,哪里拿的放回哪里去。"

图3-66 温觉板

图3-67 步骤3

图3-68 步骤4

5. 延伸操作

感觉不同温度的水。

6. 错误控制

温觉板的温度具有差异。

案例二　温觉瓶

图3-69　温觉瓶

三、蒙台梭利听觉、味觉、嗅觉教育的实施

（一）听觉教育

听觉教育主要是让幼儿辨别音的高低、强弱、种类。听觉教具主要有听筒、音感钟。

案例　音筒

1. 教具构成

音筒、托盘、工作毯。（见图3-70）

2. 教具目的

直接目的：(1) 区分声音的强弱变化。
　　　　　(2) 辨别声音的强弱。
间接目的：(1) 为分辨生活中的声音而做准备。
　　　　　(2) 发展手腕肌肉的控制力。

3. 年龄

2—3岁。

4. 演示

(1) 请幼儿围坐于工作毯周围，教师介绍工作："今天我要操作的工作是'音筒'，请小朋友注意看。"

(2) 教师伸出三指，向幼儿展示三指捏。将红绿色音筒拿出，排成红绿两排。

(3) 听音筒辨别，并进行配对。用右手三指捏住红色音筒，运用手腕部力量在耳朵的一侧轻轻摇动。左手按照同样的方法拿绿色的音筒，放于耳边轻轻摇动，倾听音筒的声音是否一样（声音相同，音筒底部图案相同，则配对成功）。（见图3-71）

(4) 将配对成功的音筒放于工作毯的左上方，沿边缘对齐。（见图3-72）

(5) 余下音筒按照以上方法进行操作，直至全部配对完成。

(6) 操作完成后用三指收拾整理工作教具。

图3-70　音筒　　　　　图3-71　步骤3　　　　　图3-72　步骤4

5. 延伸操作

进行各种听力游戏。

6. 错误控制

音筒底部贴有不同图案,其中声音强弱相同的两个红绿音筒底部图案相同。

(二) 味觉教育

味觉教育是让幼儿通过舌头辨别酸、甜、苦、辣、咸、麻等味道。味觉教具主要有味觉瓶。

案例　味觉瓶

1. 教具构成

三对滴管瓶(溶液自制):一对含有甜味溶液(糖);一对含有咸味溶液(盐);一对含有酸味溶液(白醋)。棉签、托盘、工作毯各一个。(见图3-73)

2. 教具目的

直接目的:感受不同的味道,并将瓶内的味道正确配对。

间接目的:(1) 培养味觉灵敏度。

(2) 挤压滴管,锻炼小肌肉灵活度和控制力。

3. 年龄

2—3岁。

4. 演示

(1) 请幼儿围坐于工作毯周围,教师介绍工作:"今天我要操作的工作是'味觉瓶',请小朋友注意看。"

(2) 先拿出其中一个瓶子向幼儿示范如何使用滴管:左手拿住瓶身,右手捏住滴管的橡胶头,手做"挤""放"的动作,同时配合语言说"挤""放"。(见图3-74)

(3) 先拿出左边第一个滴管瓶。右手打开瓶盖。左手取出一支棉签,右手拿滴管做"挤""放"动作,吸取瓶内液体。用滴管挤一滴在棉签上,尝一下味道。然后说出它的味道,比如"甜的"。(见图3-75)

(4) 再拿出右边第一个滴管瓶,依前面步骤品尝出是什么味道。比较两次味道是否一样。如果不一样,则摇摇头,把右边取出的瓶子排除放在右下角。

(5) 重复这样的过程,直到找到相同味道的一对。然后盖好瓶盖,翻看瓶底的标记是否相同,如果验证正确则点点头,瓶底展示给幼儿看。把相同味道的两瓶放在桌子中间的上方位置。

(6) 重复这样的方法,直到味觉瓶全部都配对成功。

(7) 收拾整理工作教具,把用过的物品放回托盘。

图3-73　味觉瓶

图3-74　步骤2

图3-75　步骤3

5. 延伸操作

(1) 练习名称词汇:甜(的)、咸(的)、酸(的)、辣(的)、麻(的)、苦(的)。

(2) 将食物与味道联系在一起进行练习,例如,醋是酸的,辣椒是辣的。

6. 错误控制

以瓶底所贴记号来判断是否配对正确,相同的味觉瓶瓶底标记是一样的。

(三)嗅觉教育

嗅觉教育主要是让幼儿用鼻子辨别不同气味,例如花香、香水。嗅觉教具主要有嗅觉瓶。

案例　嗅觉瓶

1. 教具构成

嗅觉瓶、托盘、工作毯。(见图 3-76)

2. 教具目的

直接目的:(1)辨别各种气味,促进嗅觉灵敏度。
　　　　　(2)感受不同的气味并将气味相同的嗅觉瓶进行配对。
间接目的:为分辨生活中的味道作准备。

3. 年龄

2—3 岁。

4. 演示

(1)介绍工作名称,教师介绍工作:"今天我要操作的工作是'嗅觉瓶',请小朋友注意看。"

(2)教师先取出一个嗅觉瓶,把瓶盖打开,左手拿瓶,放在靠近鼻子处,右手轻轻扇动,让气味慢慢飘过去,深吸气,然后盖好瓶盖放下。记住这个气味,嗅觉瓶放在左边。(见图 3-77)

(3)从另一组中依次寻找,重复刚才的方法,闻一闻气味,找出和刚才气味一样的嗅觉瓶来进行配对,正确点头,错误摇头。(见图 3-78)

(4)依此方法,将其他嗅觉瓶的气味进行配对。

(5)示范操作完成,收拾整理工作教具,并说明:"哪里拿的放回哪里去。"

图 3-76　嗅觉瓶

图 3-77　步骤 2

图 3-78　步骤 3

5. 延伸操作

蒙眼闻味道并说出实物的名称。

6. 错误控制

相同气味的嗅觉瓶瓶底贴有同样的标记。

实践训练

一、技能实训

项目一:利用蒙台梭利视觉教育内容,开展儿童视觉感知的工作,增强儿童视觉的敏锐性。

要求:

1. 设计情景,在蒙台梭利教室中开展视觉教育练习。
2. 活动须符合幼儿认知发展特点,以小组形式展开。

项目二:感官教育活动设计。

要求:

1. 以小组为单位,每组选择一项感官教育教具,学生扮演教师轮流进行实践练习。
2. 小组成员一人扮演教师,其余充当学生,组织一节感官教育活动,并录制视频。

二、思考练习

1. 蒙台梭利感官教育的价值。
2. 蒙台梭利感官教育的局限性。

模块四　蒙台梭利数学教育

模块导读

蒙台梭利数学教育强调以儿童为中心,尊重儿童的内在发展需求和学习节奏。蒙台梭利认为儿童具有"吸收性心智",能够自然而然地吸收周围环境中的信息并转化为自身的知识和能力。因此,蒙台梭利数学教育致力于创造一个丰富、有序且充满挑战的学习环境,让儿童在自由探索中发现数学的奥秘,培养对数学的兴趣和热爱。

该模块的内容包括蒙台梭利数学教育的相关理论,蒙台梭利数学教育的实施,要求学习者能够了解并实施蒙台梭利数学教育的内容。

学习目标

1. 认知目标:掌握蒙台梭利数学教育的特点及内容。
2. 技能目标:能熟练、规范操作蒙台梭利数学教具,完整地实施数学教育活动。
3. 情感态度、价值观目标:萌发对蒙台梭利数学教育的兴趣,体验操作蒙氏教具的乐趣。

思政寄语

《教育部关于大力推进幼儿园与小学科学衔接的指导意见》中幼儿园入学准备和小学入学适应教育指导要点都指出要做好幼儿数学学习能力方面的准备,要为幼儿提供丰富的数学游戏材料,创设解决实际问题的情景,引导幼儿尝试用数学的方法解决生活中的问题,帮助幼儿在实际操作中积累数学经验。而蒙台梭利重视幼儿在操作教具中学习数学知识,掌握数学相关概念,注重对幼儿学习品质的培养,也是为幼儿进入小学学习数学做准备。教师须掌握蒙台梭利数学教育的知识点以及进行数学教具操作训练,为幼儿园数学教育实践服务指明方向。

任务一　了解数学教育的基本内涵

案例导入

芳芳的数学教育从最简单的数字1—10开始。教师首先使用数棒、砂纸数字板等教具,让芳芳亲手触摸、感受这些数字所代表的量。芳芳通过反复的操作和练习,逐渐建立起了数字1—10的基本概念。在这个过程中,她还学会了"0"的概念,理解了"0"代表什么都没有。

思考:案例中芳芳操作的是蒙台梭利教学法中哪个领域的内容?有何作用?

任务要求

1. 了解蒙台梭利数学教育的内涵。
2. 掌握蒙台梭利数学教育的目的和原则。
3. 掌握蒙台梭利数学教育的内容。

《幼儿园教育指导纲要(试行)》(以下简称《纲要》)指出:"引导幼儿对周围环境中数、量、形、时间和空间等现象产生兴趣,建构初步的数概念,并学习用简单的数学方法解决生活和游戏中某些简单问题。"蒙台梭利数学教育内容与《纲要》的要求不谋而合。因此,蒙台梭利数学教育能有效实现幼儿数学教育的目标。

一、数学教育的定义

数学教育是指儿童在教师或成人预备的数学环境下,通过操作蒙台梭利数学教具,感知客观世界中的数量关系、空间形式等,初步掌握一些简单的数学知识和技能,体验数学的有用和有趣。

二、数学教育的意义

数学教育是蒙台梭利教育的重要组成部分,儿童在学习数学的过程中可以借助现实生活中的具体事物来表现数、量、形。蒙台梭利数学教育是通过让儿童操作,以此掌握基本的数学知识,获得有益的数学经验。

(一)敏感期内帮助儿童学习和理解数学知识,对数学产生兴趣

儿童阶段是进行数学学习的敏感时期,在此阶段,儿童对事物之间的排列顺序、分类、配对会表现出浓厚的兴趣。4岁左右是儿童数字、几何图形、运算测量的敏感期。在敏感期内,儿童在操作蒙台梭利数学教具时,教师给予恰当刺激,提供适宜、完备的数学环境,使得儿童的数学学习变得简单、可操作,使枯燥的数学学习变得有趣,儿童在这个过程中逐渐理解数学的基本知识,对数学产生浓厚的兴趣。

(二)提高儿童的数学能力,更好地适应环境

日常生活中很多地方都用到数学,数学教育可以提高儿童的数学能力,包括计算、推理和判断能力。儿童可以运用所学的数学知识更好地认识世界,解决日常生活中遇到的问题,以此提高儿童对周围环境的适应能力。

(三)帮助儿童从具体形象思维过渡到抽象逻辑思维

蒙台梭利数学教育的学习都是从实物到抽象。1—3岁是儿童的逻辑能力萌发的时期,数学教育可以促进儿童智力发展,培养儿童初步的抽象思维能力。例如儿童从操作1—10数量的串珠过渡到学习阿拉伯数字,从具体操作活动过渡到能用数学心智进行抽象的思考。

(四)为小学数学学习作好衔接准备

蒙台梭利数学教具是将抽象的数学知识具体化,儿童通过操作教具,能够更好地理解数学知识,通过大量的感性教育,儿童逐渐理解数的概念、数量、几何图形、时间与空间等数学知识,积累学习数学的经验,为以后进入小学学习数学知识,理解抽象的数学概念做准备。

三、数学教育的目的

(一)直接目的

以儿童的生活经验为基础,遵循由易到难,由具体到抽象的原则,让儿童系统地进行数学学习。儿童通过操作数学教具来感知数量之间的关系,掌握基本的数学计算方法,学会判断和推理,不断积累数学经验,用数学知识解决生活中的数学问题。

(二)间接目的

通过蒙氏数学教育激发儿童对数学学习的兴趣,培养儿童良好的学习品质,获得运用数学的能力和培养对社会的适应能力,以帮助儿童形成独立人格,成为一个有智慧的公民。

四、数学教育的特点

(一)以感官教育为基础

蒙台梭利注重教育过程中儿童数学感知经验的积累,儿童在操作教具时会不断积累感觉经验,逐渐把具体事物的数量抽象出来,逐步形成数、量、图形及空间的概念。例如,儿童在操作粉红塔、插座圆柱体、数棒、砂纸数字板、纺锤棒时,精确感知数的大与小,0—9的数名、数字、数量的关系等。

(二)科学的教具与实践操作相结合

蒙台梭利根据科学的教育知识,结合儿童心理发展特点以及儿童的学习方式,将抽象复杂的数学知识物化成简单可操作的数学教具,使得儿童学习数学知识更加简单化、图形化和实物化。儿童在操作实物的过程中不断提高学习数学的兴趣,增加数学经验、掌握数学知识。

(三)理解数量、数字和数名的关系

蒙台梭利数学教育重视儿童对数量、数字关系的理解,例如,在学习1—10的数字时,先教授儿童

数棒,结合实物让儿童感受数量的不同变化。然后过渡到对数字符号的认识,例如儿童操作砂纸数字板时,通过描摹加深对数字"1""2"等符号的认识,并配合语言命名,逐渐理解数字与数量的关系,从而形成了数与量的对应概念。

(四)采用三阶段教学法

蒙台梭利深受前辈教育家的影响,将塞根三阶段教学法运用于自己的教学实践,包括命名、辨认和发音三个阶段。三阶段教学法主要是引导儿童在学习新的物品名称、新词汇或数学名称的时候用。例如,在命名阶段,教师先告诉儿童"这是1""这是2"。接着,在辨认阶段,教师通过询问哪个是"1"哪个是"2",引导儿童找出"1"和"2"。最后,在发音阶段,教师引导儿童说出来"这是什么?"三阶段教学法可以帮助儿童学习新概念,教师也能巩固和检验教学效果,一步步的学习方法符合儿童的年龄特点,也能获得较好的教学效果。

(五)教具具有"错误订正"的功能

错误控制是蒙台梭利教具的独特功能,它具有严格的错误订正标准。儿童在操作过程中往往不需要教师帮忙检查,他可以对照教具已有的"订正"功能设计利用自己的智慧发现错误并纠正,从而提高儿童操作数学教具的自主性,让儿童在自我发现中建立自信心,培养儿童独立思考的能力,实现自我教育的目的。

(六)关注对0的认识与十进位的验算

0是抽象的,不可触摸的,儿童在理解数字0的时候会存在一定的困难。因此,蒙台梭利重视儿童对0的认识和理解,例如,在纺锤棒箱中以空格的出现强调0的存在,并让儿童亲身感知0的存在和意义。另外,十进位计数法是以10为基础的数字系统,0的存在在进位时能清楚地记录计算过程并进行验算,十进位的验算方式也便于对大数字的运算。

(七)以不同颜色代表不同位数名称

蒙台梭利把代表不同位数的数字卡用绿色、蓝色和红色加以区分,个位数是绿色,十位数是蓝色,百位数是红色,千位数是绿色。绿、蓝、红的排列方法既可以继续延伸,也符合现今计算以三位数为一个循环的方法。儿童在操作教具中可以迅速掌握数量与相对应的数字,提高应用数字的能力。

(八)教具使用固定的阿拉伯数字

阿拉伯数字是世界通用的数字符号,它具有简单易懂、可以任意组合的特点。蒙台梭利教具采用固定的阿拉伯数字,儿童可以更快熟悉数字的字形和读法。例如,砂纸数字版、塞根板和一百板都是使用字体完全相同的阿拉伯数字,儿童不仅能够认识数字符号,还能用手指触摸学习,为以后的数字书写作准备。

(九)注重教学过程的针对性、差异性和系统性

每个儿童的敏感期和学习水平是不一样的,蒙台梭利数学教育以儿童为中心,重视不同儿童的需求,主要表现在以下三个方面。一是大多采用一对一的学习方式,教师能够更加全面了解儿童。二是蒙台梭利不要求同一年龄儿童学习同一内容,而是根据儿童的不同发展水平,学习内容和方式都会有所不同,允许儿童之间的学习差异,满足不同儿童的求知需要,减轻儿童的心理负担,使得教育更具有针对性和差异性。三是遵循循序渐进的原则,表现出条理清晰分明,由具体到抽象,由简单到复杂的架构。蒙台梭利数学教具种类繁多,并具有多重功能,能够实现系统的学习。

五、数学教育的内容

蒙台梭利数学教育的内容有算数教育、代数教育和几何教育。三种教育内容主要是通过儿童操作相应的蒙台梭利教具实现的。儿童在操作过程中学习基本的数、量、形,对数学的理解由具体到抽象。蒙台梭利数学教具种类及教育内容如下。

(一) 10 以内数概念的认识

(1) 数棒:学习 1—10 的数与量的对应。
(2) 砂纸数字板:掌握 0—9 的数字以及数字的书写方式。
(3) 纺锤棒和纺锤棒箱:认识 0 的概念,0—9 的按数取物。
(4) 0 的游戏(取数游戏):理解 0 的概念,将物与 0—9 数字对应起来。
(5) 数字与筹码:学习数量与数字的对应,了解奇数与偶数。

(二) 十进位法的认识

(1) 金黄串珠:学习十进位数量的名称,认识 1、10、100、1 000 的十进位法的结构。
(2) 数字卡片:学习十进位数字的名称。
(3) 金黄串珠与数字卡片结合:将数量与数字相匹配。

(三) 连续数的名称与排列认识

(1) 塞根板Ⅰ:认识 11—19 的数字,数量与数字的对应,十位数的排列顺序。
(2) 塞根板Ⅱ:认识 11—99 的数字,数量与数字的对应以及排列顺序。
(3) 一百板:练习 1—100 数字的排列顺序以及正着数与倒着数。
(4) 100 串珠链:学习 1—100 数字排列顺序以及 100 以内的倍数。
(5) 1 000 串珠链:了解 1—1 000 数字的排列顺序、数量、数字和数量的匹配以及倍数,与 100 串珠链作比较。

(四) 十进位法的四则运算

(1) 银行游戏:学会加减乘除的符号与计算概念,熟悉十进位的规则与演变,练习基本的运算能力。
(2) 邮票游戏:加强加减乘除的运算及位数进位、错位的概念。
(3) 点的游戏:学习数字的位数及加减乘除运算知识。
(4) 加法蛇:理解连加的概念及会做连加的计算。
(5) 减法蛇:理解连减的概念及会做连减的计算。
(6) 加法板:了解数的组合及其结果,记忆和背诵 1—9 任意两个数字的加法结果。
(7) 减法板:练习得数在 1—9 之间的减法并进行个位数的减法运算。
(8) 乘法板:理解乘法的意义,练习并记忆 1—9 之间任意两个数字的乘法。
(9) 除法板:理解平均分配和余数的概念,练习得数在 1—9 之间的除法。

(五) 分数小人

(1) 分数小人:认识一个整体可以分成若干部分,了解分数,学习与分数有关的语言。
(2) 分数嵌板:学会简单分数运算。

(六) 几何

(1) 几何图形卡片：认识基本的图形。
(2) 构成三角形：掌握名称和图形的组合与分解。
(3) 二项式、三项式：发展幼儿三维空间的认知能力，帮助儿童理解代数概念。
(4) 立体几何组：认识简单的立体图形。

任务二　实施蒙台梭利数学教育

案例导入

在蒙台梭利教室里，吕老师引导幼儿使用砂纸数字板。她拿起一块数字板，用食指和中指依笔画方向触摸砂纸上的数字，同时发出清晰的发音"1"。幼儿纷纷模仿吕老师的动作，他们的小手在砂纸上来回摩挲，感受着数字的轮廓和质感。通过反复练习，幼儿不仅认识0—9这些数字，还逐渐掌握了它们的书写笔顺和发音。

思考： 案例中幼儿操作的是蒙台梭利数学教育中的哪部分内容？有何作用？

任务要求

1. 熟练实施蒙台梭利数学教育1—10的内容。
2. 熟练实施蒙台梭利数学教育连续数的认识的内容。
3. 熟练实施蒙台梭利数学教育四则运算的内容。
4. 熟练实施蒙台梭利数学教育分数的内容。

一、1—10的学习

(一) 数棒

案例一　数棒（1—10）

4-1视频
数棒（1—10）

1. 教具构成

数棒1—10、两块工作毯。（见图4-1）

2. 教具目的

直接目的：认识1—10的数量。
间接目的：了解数的概念。

3. 年龄

2—3岁。

4. 演示

(1) 将工作毯铺好,教师介绍工作并取教具:"今天我要操作的工作是'数棒(1—10)',请小朋友们仔细看。"

(2) 有序取数棒,红色根部沿左侧工作毯边缘对齐,无序摆放。以抓握方式进行数数,每抓握一次要念出数字。全部抓握寻找三遍后找到数棒1,点头示意。把数棒1拿起(三指拿)放至另一块工作毯左上角。(见图4-2)

(3) 按此方法找到数棒2—10,并按照顺序排列。(见图4-3)

(4) 收拾整理工作教具,并说明:"我的工作操作完毕,请小朋友选择喜欢的工作操作。"

图4-1 数棒教具

图4-2 步骤2

图4-3 步骤3

5. 延伸操作

加入数字卡片。

6. 错误控制

每根数棒的长度不同,排列后应该形成一个红、蓝相间的阶梯形状。

案例二 数字卡片(1—10)与数棒

图4-4 数字卡片(1—10)与数棒

4-1 文档
数字卡片(1—10)与数棒

4-2 视频
数字卡片(1—10)与数棒

(二) 数字与筹码

案例 数字与筹码

1. 教具构成

数字与筹码1—10、工作盘、工作毯。(见图4-5)

2. 教具目的

直接目的:了解1—10数字、数量、数名的对应关系。

间接目的:学会按数取量。

4-3 视频
数字与筹码

3. 年龄

2—3岁。

4. 演示

(1) 铺工作毯,取工作教具,介绍工作名称:"今天我要操作的工作是'数字与筹码',请小朋友们仔细看。"

(2) 将1—10的数字取出无序散放在地毯上。寻找数字,将1—10的数字从左到右,按数字顺序摆放好。(见图4-6)

(3) 按数取筹码,指着1并说"1",右手取1的筹码量放于左手手心,握紧感知对应量,并将筹码放在数字下方。依次完成2—10数与量的匹配,将筹码一个个放在数字下方,两两一组排列。(见图4-7)

(4) 收拾整理工作教具,从10开始收,并说结束语:"今天我的工作操作完毕,请小朋友自由选择工作操作。"

图4-5 数字与筹码

图4-6 步骤2

图4-7 步骤3

5. 延伸操作

配奇数偶数卡片,认识奇偶数。

6. 错误控制

筹码数量。

(三) 数字拼板

案例　数字拼板

1. 教具构成

一个带有盖子的木盒,印有数字1—10的板片,以及印有1—10个圆点的板片,工作毯、托盘。(见图4-8)

4-4视频
数字拼板

2. 教具目的

直接目的:学习1—10的点数,并与数字板配对在一起。

间接目的:专注于工作并加深对数字的认识。

3. 年龄

2—3岁。

4. 演示

(1) 取工作毯,将工作毯铺好,介绍工作:"今天我操作的工作是'数字拼板',请小朋友仔细看。"

(2) 将数字1—10的板片散放于毯子左边(有齿边统一朝向右侧放置),印有1—10个圆点的板片散放于工作毯右边(有齿边统一朝向左侧放置)。按顺序找出1—10的数字板片,放在毯子左上角,从上到下依次摆好。(见图4-9)

(3) 找出印有一个红色圆点的板片,将两块板片数量对应拼在一起摆放到工作毯的左上角。用同样的方法将印有2—10个红色圆点的板片与印有2—10的数字板片对应拼在一起。(见图4-10)

(4) 收拾整理工作并说结束语:"今天我的工作操作完毕,请小朋友自由选择工作操作。"

图4-8 数字拼板

图4-9 步骤2

图4-10 步骤3

5. 延伸操作

画出数字拼板,把与数字对应量的红色圆点画成空心,让幼儿给红色圆点涂色。

6. 错误控制

板片上的点数与板片上的数字一一对应。

(四) 彩色串珠

> **案例一　彩色串珠(1—10)**

1. 教具构成

彩色串珠(1粒红色串珠、2粒绿色串珠、3粒粉红色串珠、4粒橙色串珠、5粒天蓝色串珠、6粒玫红色串珠、7粒白色串珠、8粒咖啡色串珠、9粒深蓝色串珠、10粒黄色串珠),碟子,托盘,工作毯。(见图4-11)

彩色串珠(1—10)

2. 教具目的

直接目的:认识彩色串珠并进行10以内数字的点数。

间接目的:在点数与操作中,获得专注力的提升。

3. 年龄

2—3岁。

4. 演示

(1) 取工作毯,将工作毯铺好,介绍工作:"今天我操作的工作是'彩色串珠(1—10)',请小朋友仔细看。"

(2) 将串珠从碟子中取出,散放。(告诉幼儿取串珠的时候要捏着串珠的一边。)(见图4-12)

(3) 寻找,找出串珠1,左手指着数出来。把红色串珠1放在毯子最上方,准备摆成塔形。依次找出数量为2—10的串珠,摆成塔形。摆完塔可以进行三阶段教学,进一步认识数字。(见图4-13)

(4) 收拾整理工作教具并说结束语:"今天我的工作操作完毕,请小朋友自由选择工作操作。"

图4-11　彩色串珠

图4-12　步骤2

4-13　步骤3

5. 延伸操作

彩色串珠与数字卡的对应。

6. 错误控制

彩色串珠教具本身。

> **案例二　彩色串珠(1—10)与字卡对应**

> **案例三　夹彩珠1—10**

图4-14　彩色串珠(1—10)与字卡对应

图4-15　夹彩珠1—10

彩色串珠(1—10)与字卡对应

彩色串珠(1—10)与字卡对应

夹彩珠 1—10

夹彩珠 1—10

(五)纺锤棒与纺锤棒箱

案例　纺锤棒与纺锤棒箱

1. 教具构成

纺锤棒、纺锤棒箱、托盘、工作毯。(见图 4-16)

2. 教具目的

直接目的：了解 0—9 数字、数量、数名的对应关系，学会按数取量。

间接目的：感知"0"的意义，为数学学习做准备。

3. 年龄

2—3 岁。

4. 演示

(1) 铺工作毯，取工作，介绍工作名称："今天我操作的工作是'纺锤棒与纺锤棒箱'，请小朋友仔细看。"

(2) 用手指向纺锤棒箱上的数字 1 上说"1"，左手展示虎口状，右手一次取一根纺锤棒边数边说出对应的数名，取一根并说"1"，双手握住纺锤棒感知 1 的数量，然后放入纺锤棒箱相应的空格里。后面按 2—9 的顺序依次取放。(见图 4-17)

(3) 认知 0，用二指指向纺锤棒箱上的 0，然后用二指在 0 的空箱子里沿边转一圈。拿起空纺锤棒盒给小朋友看，并用语言说明"0 就是没有，没有就是 0"。(见图 4-18)

(4) 收拾整理工作教具并说结束语："我的工作操作完毕，请小朋友自选工作操作。"

图 4-16　纺锤棒箱

图 4-17　步骤 2

图 4-18　步骤 3

5. 延伸操作

按数量取放彩笔。

6. 错误控制

纺锤棒数量。

二、连续数的认识

(一)塞根板

案例一　塞根板Ⅰ

1. 教具构成

塞根板Ⅰ、托盘、工作毯。(见图 4-19)

2. 教具目的

直接目的:(1) 理解11—19的数字、数量及数名。
　　　　(2) 认识十位数由两个部分组成。
　　　　(3) 学习11—19数字的排列顺序。

间接目的:学会有秩序地独立操作。

3. 年龄

4—6岁。

4. 演示

(1) 取工作毯,将工作毯铺好,教师介绍工作:"今天我要操作的工作是'塞根板Ⅰ',请小朋友们仔细看。"

(2) 将塞根板Ⅰ放在工作毯左边位置上,将木制数字板1—9按顺序依次摆放在右边。(见图4-20)

(3) 教师指着左手边的塞根板说"这是10",选取数字1的木板轻轻滑入第一个狭槽中,盖住数字0,教师说:"10和1组成11。"以此类推,利用三阶段教学法,依次完成操作直至学完19。(见图4-21)

(4) 收拾整理工作教具,并说结束语:"今天我的工作操作完毕,请小朋友自由选择工作操作。"

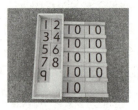
图4-19　塞根板Ⅰ

图4-20　步骤2

图4-21　步骤3

5. 延伸操作

利用彩色串珠1—9和金黄色串珠棒,进行11—19的数量对应。

6. 错误控制

幼儿已掌握塞根板Ⅰ木制数字板1—9的摆放顺序。

案例二　塞根板Ⅱ

1. 教具构成

塞根板Ⅱ、托盘、工作毯。(见图4-22)

塞根板Ⅱ

2. 教具目的

直接目的:(1) 理解11—99的数字、数量及数名。
　　　　(2) 学习11—99数字的排列顺序。

间接目的:学会有秩序地独立操作。

3. 年龄

4—6岁。

4. 演示

(1) 取工作毯,将工作毯铺好,教师介绍工作:"今天我要操作的工作是'塞根板Ⅱ',请小朋友们仔细看。"

(2) 将塞根板Ⅱ取出放在工作毯左边位置上,按照顺序从10—90排列,将木质数字板1—9按顺序依次取出摆放在右边。(见图4-23)

(3) 教师指出数字10,请幼儿说出是多少,依次指出数字20—90,让幼儿辨认。教师指着数字10说"这是10",选取数字1的木板说"这是1",将其轻轻滑入第一个狭槽中,盖住数字0,教师说:"10和1组成11。"以此类推,利用三阶段教学法,依次按顺序让幼儿认识11—99数字的名称和写法。(见图4-24)

(4) 收拾整理工作教具并说结束语:"今天我的工作操作完毕,请小朋友自由选择工作操作。"

图 4-22 塞根板Ⅱ

图 4-23 步骤 2

图 4-24 步骤 3

5. 延伸操作

用金黄色串珠棒和塞根板Ⅱ进行一一对应。

6. 错误控制

塞根板Ⅱ木制数字板 1—9 的顺序。

(二) 一百板

案例　一百板

4-11 视频

一百板

1. 教具构成

一百板、订正板、1—100 木制数字板、工作毯。(见图 4-25)

2. 教具目的

直接目的:认识数字 1—100,能正着数、倒着数 100 以内的数字。

间接目的:加强对数字 1—100 的记忆,具有一定的观察力和专注力。

3. 年龄

4—6 岁。

4. 演示

(1) 取工作毯,将工作毯铺好,教师介绍工作:"今天我要操作的工作是'一百板',请小朋友们仔细看。"

(2) 将一百板放在工作毯的中间,订正板放在一百板左边,数字板小盒放在教师前面。

(3) 将一百板上 1—10 面朝上排成一排,首先找到数字 1,然后将数字 1—10 依次按照从左到右的顺序一个一个在一百板上排好。(见图 4-26)

(4) 再选择 11—20 按照顺序依次在一百板上排好,每组 10 个数字,重复以上操作,直到所有的数字都摆放在一百板上。(见图 4-27)

(5) 对照订正板,查看是否有误。

(6) 收拾整理工作教具并说结束语:"今天我的工作操作完毕,请小朋友自由选择工作操作。"

图 4-25 一百板

图 4-26 步骤 3

图 4-27 步骤 4

5. 延伸操作

让儿童练习书写数字,学习数字的相邻数。

6. 错误控制

提供一百板的对照板,方便幼儿进行验证。

三、十进位法

案例一　根据题卡取数字卡片

4-12 视频
根据题卡取
数字卡片

1. 教具构成

托盘、题卡、数字卡片1套。(见图4-28)

2. 教育目的

直接目的：认识千位数。

间接目的：学会按一定的顺序独立地操作。

3. 年龄

4—6岁。

4. 演示

（1）取工作毯，将工作毯铺好，教师介绍工作："今天我们要操作的工作是'根据题卡取数字卡片'，请小朋友们积极配合参与。"

（2）将数字卡片沿工作毯左侧按个位、十位、百位、千位的顺序依次摆放。

（3）读题卡"请取2594的数字卡片"。找出题卡中的数字卡片，先从个位数开始找，将个位的数字卡片依次按顺序排开，依次进行寻找，直到找到数字"4"为止。(见图4-29)

（4）按照以上操作将十位的数字卡片依次按顺序排开，依次进行寻找，指向题卡中的十位数"9"找出"90"的卡片；依此方法找出百位和千位的数字。(见图4-30)

（5）找出数字卡片后对照题卡检验是否正确。

（6）将数字卡片依次按顺序收回去，并说结束语："今天我的工作操作完毕，请小朋友选择自己喜欢的工作操作。"

图4-28　数字卡片

图4-29　步骤3

图4-30　步骤4

5. 延伸操作

根据题卡取数字卡片，与银行游戏结合，兑换相应的量。

6. 错误控制

数与量的对应。

案例二　量与数字卡片（三位数组合）

图4-31　量与数字卡片（三位数组合）

案例三　量兑换邮票（三位数）

图4-32　量兑换邮票（三位数）

量与数字卡片(三位数组合)　　量与数字卡片(三位数组合)　　量兑换邮票(三位数)　　量兑换邮票(三位数)

四、四则运算

四则运算主要包括加法、减法、乘法和除法的运算,以银行游戏、邮票游戏为主。

(一) 银行游戏

银行游戏

1. 教具构成

金色串珠、千的立方块若干、百的板块若干、十的金色串珠若干、黄色珠子若干、2个盛放珠子和串珠的容器、大数字卡一套、小数字卡两套、彩带、加减乘除符号卡片、托盘四个、两块工作毯、题卡。

2. 教具目的

直接目的:(1) 学习使用金色串珠组与大、小数卡进行四则运算。

(2) 初步理解加、减、乘、除法的计算方法,理解加、减、乘、除的概念。

(3) 巩固掌握十进制。

间接目的:学会有秩序地独立操作,为养成数学心智做准备。

3. 年龄

4—6岁。

案例一　银行游戏加法

银行游戏加法

1. 演示

(1) 取工作毯,将工作毯铺好,教师介绍工作:"今天我们要操作的工作是'银行游戏加法',请小朋友们积极配合参与。"(见图 4-33)

(2) 铺一块工作毯,将所有的量放在工作毯上(注意个、十、百、千的量分类摆放),请 a 幼儿保管。

(3) 教师出示题卡,读出题卡"1358+1341="。

(4) 教师请 b 幼儿拿好大数字卡片,然后拿大数字卡片去"银行"a 幼儿处拿取相应的量。量拿好后放在一个单独托盘中交还给教师。再次用同样的方式取1341,直到量取完。取回后将量放在地垫一边,数字卡放在地垫另一边。(见图 4-34)

(5) 教师拿数字卡、加法符号+,将数字卡片和符号放好,等于符号用绳子代替,使之形成一个"1358+1341="竖式。(见图 4-35)

(6) "1358+1341="就是两个数合起来,教师将两次取的量合并,依次数千、百、十、个位的量并取相应的数字卡片,得出结果。

(7) 收拾整理工作教具并说结束语:"今天我的工作操作完毕,请小朋友选择自己喜欢的工作操作。"

图 4-33　银行游戏教具　　图 4-34　步骤 4　　图 4-35　步骤 5

5. 延伸操作

利用银行游戏开展加减乘除运算。

6. 错误控制

数与量的对应。

案例二　银行游戏减法（不退位）

1. 演示

（1）取工作毯，将工作毯铺好，教师介绍工作："今天我们要操作的工作是'银行游戏减法（不退位）'，请小朋友们积极配合参与。"（见图4－36）

（2）铺一块工作毯，将所有的量放在工作毯上（注意个、十、百、千的量分类摆放），请a幼儿保管，数字卡片请b幼儿保管。

（3）教师出示题卡，读出题卡"1245－132＝"。

（4）教师请b幼儿取出"1245"的大数字卡片，然后拿大数字卡片去"银行"a幼儿处拿取相应的量。再使用同样的方法请b幼儿去a幼儿处取"132"的量。取回后将量放在地垫上方，数字卡放在地垫下方。

（5）教师拿数字卡、减法符号－，将数字卡片和符号放好，等于符号用绳子代替，使之形成一个竖式"1245－132＝"。（见图4－37）

（6）减法就是从中拿走一些，"1245－132＝"就是从1245的量中拿走132，剩下来的量就是结果。教师数一下剩下的量，并取相应的个、十、百、千位的数字卡片。（见图4－38）

（7）收工作并说结束语："今天我的工作操作完毕，请小朋友选择自己喜欢的工作操作。"

图4－36　银行游戏教具

图4－37　步骤5

图4－38　步骤6

2. 延伸操作

利用银行游戏开展加减乘除运算。

3. 错误控制

数与量的对应。

案例三　银行游戏乘法（不进位）

1. 演示

（1）取工作毯，将工作毯铺好，教师介绍工作："今天我们要操作的工作是'银行游戏乘法（不进位）'，请小朋友们积极配合参与。"（见图4－39）

（2）铺一块工作毯，将所有的量放在工作毯上（注意个、十、百、千的量分类摆放），请a幼儿保管，数字卡片请b幼儿保管。

（3）教师出示题卡，读出题卡"1234×2＝"。

（4）教师请b幼儿取出与1234相应量的大数字卡片，然后拿大数字卡片去"银行"a幼儿处拿取相应的量。取回后将量放在地垫一边，数字卡放在地垫上另一边。

（5）教师说："1234×2就是2个1234的量相加，请b小朋友再去取1234的量。"教师拿数字卡、乘法符号×，将数字卡片和符号放好，等于符号用绳子代替，使之形成一个竖式。（见图4－40）

(6) 将两次换来的量放于丝带下方。
(7) 乘数是几就换几次,将几次取的量放在一起,从个位开始相加。(见图4-41)
(8) 算出得数,记录下来,并验证。
(9) 收拾整理工作教具并说结束语:"今天我的工作操作完毕,请小朋友选择自己喜欢的工作操作。"

图4-39 银行游戏教具

图4-40 步骤5

图4-41 步骤7

2. 延伸操作

幼儿巩固操作练习。

3. 错误控制

题卡背面设置了答案。

案例四 银行游戏除法(不退位)

1. 演示

(1) 取工作毯,将工作毯铺好,教师介绍工作:"今天我们要操作的工作是'银行游戏除法(不退位)',请小朋友们积极配合参与。"(见图4-42)
(2) 铺一块工作毯,将所有的量放在工作毯上(注意个、十、百、千的量分类摆放)。请a幼儿保管,数字卡片请b幼儿保管。
(3) 教师出示题卡,读出题卡"2 864÷2="。
(4) 教师请b幼儿取出与2 864相匹配量的大数字卡片,然后拿大数字卡片去"银行"a幼儿处拿取相应的量。取回后将量放在地垫上一边,数字卡片放在地垫上另一边。
(5) 教师将数字卡片和符号放好,等于符号用绳子代替,使之形成一个竖式。
(6) "2 864÷2"就是把"2 864"平均分给两个小朋友。请两个小朋友拿托盘,从高位(千位)开始分量,一次一个直到分完。(见图4-43)
(7) 取一个托盘,数数每一个幼儿托盘中的量,并放数字卡片。(见图4-44)
(8) 验证答案,教师点头示意。
(9) 收拾整理工作并说结束语:"今天我的工作操作完毕,请小朋友选择自己喜欢的工作操作。"

图4-42 银行游戏教具

图4-43 步骤6

图4-44 步骤7

2. 延伸操作

利用银行游戏开展加减乘除运算。

3. 错误控制

数字卡片可验证答案。

案例五　银行游戏加法（进位）

图4-45　银行游戏加法(进位)

银行游戏加法(进位)　银行游戏加法(进位)

案例六　银行游戏减法（退位）

图4-46　银行游戏减法(退位)

银行游戏减法(退位)　银行游戏减法(退位)

案例七　银行游戏乘法（进位）

图4-47　银行游戏乘法(进位)

银行游戏乘法(进位)　银行游戏乘法(进位)

案例八　银行游戏除法（退位）

图4-48　银行游戏除法(退位)

银行游戏除法(退位)　银行游戏除法(退位)

（二）邮票游戏

邮票游戏

1. 教具构成

邮票游戏盒(内有代表个、十、百、千的邮票和位数小人)，题卡，水彩笔，小碗，工作毯。

2. 教具目的

直接目的：通过操作材料，理解四则运算，提高计算能力。

间接目的：培养秩序感和专注力，为学习代数、数学运算做准备。

3. 年龄

4—5岁。

案例一　邮票游戏加法（不进位）

1. 演示

邮票游戏加法(不进位)

（1）取工作毯，将工作毯铺好，教师介绍工作："今天我要操作的工作是'邮票游戏加法（不进位）'，请小朋友们仔细看。"（见图4-49）

（2）打开邮票箱盖，展示并介绍箱中各种邮票。将相应的定位筹码摆放在工作毯上方（千位在左，个位在右）。

（3）选择操作示范题卡放于工作毯中央上方，边用手指边认真读题"5612＋2141＝"。

(4) 用邮票表达算式：先念一遍5612，然后用手指千位数说"5000就是5个1000"，然后逐一取邮票放到小碗里边说"一个1000，两个1000，三个1000，四个1000，五个1000"，把碗里的邮票逐一拿出，按纵向排列放在相应的定位筹码（绿色）下面。以此类推，按以上同样的方法步骤用邮票表征5612的百位、十位、个位，并将邮票纵向排列于相应定位筹码下面。（见图4-50）

(5) 加法就是把相加的量合起来。以此类推，用以上同样的方法步骤表征2141的千位、百位、十位、个位，并将邮票纵向排列于相应定位筹码下面。（见图4-51）

(6) 操作邮票得出结果，以个、十、百、千的顺序把两次拿取的邮票合在一起。

(7) 数结果。从个位开始数邮票的数量，并把结果写在题卡上。

(8) 验证答案，翻至题卡背后，与题卡后面答案一致教师点头示意。

(9) 先收邮票，边收边数，然后收定位筹码，最后再收题卡并说结束语："我今天的工作操作完毕，请小朋友们取自己喜欢的工作操作。"

图4-49　邮票游戏教具

图4-50　步骤4

图4-51　步骤5

5. 延伸操作

选择不同题卡操作。

6. 错误控制

题卡背面设置正确答案验证。

案例二　邮票游戏减法（不退位）

邮票游戏减法（不退位）

1. 演示

(1) 取工作毯，将工作毯铺好，教师介绍工作："今天我要操作的工作是'邮票游戏减法（不退位）'，请小朋友们仔细看。"（见图4-52）

(2) 打开邮票箱盖，展示并介绍箱中各种邮票。将相应的定位筹码摆放在工作毯上方（千位在左，个位在右）。

(3) 选择题卡放于工作毯中央上方，边用手指边认真读题"3657-1324＝"。

(4) 用邮票表达算式：先念一遍3657，然后用手指千位数说"3000就是3个1000"，然后逐一取邮票放到小碗里边说"一个1000，两个1000，三个1000"，把碗里的邮票逐一拿出放在相应的定位筹码（绿色）下面，纵向排列。以此类推，按以上同样的方法步骤表征3657的百位、十位、个位，并将邮票纵向排列于相应定位筹码下面。（见图4-53）

(5) 操作邮票得出结果："3657-1324就是从3657中拿走1324的量。"从个位算起把邮票个位减掉4，用小碗取4枚邮票放回邮票盒内。以此类推，用同样的方法步骤继续完成十位、百位、千位的计算，得出计算结果后在等号后面写出。（见图4-54）

(6) 完整读出题目和计算结果"3657-1324＝2333"。然后把题卡翻过来确认题卡背面的结果与计算结果是否一样。一样则点头并将结果展示给幼儿，不一样则重新计算。

(7) 先收邮票，边收边数，然后收定位筹码，最后再收题卡，并说结束语："我今天的工作操作完毕，请小朋友们取自己喜欢的工作操作。"

图4-52 邮票游戏盒

图4-53 步骤4

图4-54 步骤5

2. 延伸操作

选择不同题卡操作。

3. 错误控制

题卡背面设置正确答案验证得数。

案例三　邮票游戏乘法（不进位）

1. 演示

4-25视频
邮票游戏乘法(不进位)

（1）取工作毯，将工作毯铺好，教师介绍工作："今天我要操作的工作是'邮票游戏乘法（不进位）'，请小朋友们仔细看。"（见图4-55）

（2）打开邮票箱盖，展示并介绍箱中各种邮票。将相应的定位筹码摆放在工作毯上方（千位在左，个位在右）。

（3）选择操作示范题卡放于工作毯中央上方，边用手指边认真读题"3412×2＝"。

（4）3412×2就是两个3412相加。用邮票表达算式：先读3412，用手指千位数说"3000就是3个1000"，然后边逐一取邮票放到小碗里边说"一个1000，两个1000，三个1000"，把碗里的邮票逐一拿出按纵向排列放在相应的定位筹码（绿色）下面。以此类推，按以上同样的方法步骤表征3412的百位、十位、个位，并将邮票纵向排列于相应定位筹码下面。

（5）用同样的方法步骤再取3412的邮票整齐排列于第一排3412的量下方。（见图4-56）

（6）操作邮票得出结果："3412×2就是把两个3412相加。"把第一次取的代表3412的量的邮票和第二次取的代表3412的量的邮票合在一起，然后按个位到千位的顺序点数邮票得出结果，并把结果写在题卡上。（见图4-57）

（7）完整读出题目和计算结果"3412×2＝6824"，然后把题卡翻过来确认题卡背面的结果与计算结果是否一样。一样则点头并将结果展示给幼儿，不一样则重新计算。

（8）收拾整理工作教具，先收邮票，边收边数，然后收定位筹码，最后再收题卡，并说结束语："我今天的工作操作完毕，请小朋友们取自己喜欢的工作操作。"

图4-55 邮票游戏盒

图4-56 步骤5

图4-57 步骤6

2. 延伸操作

选择不同题卡操作。

3. 错误控制

题卡背面设置正确答案进行验证。

案例四　邮票游戏除法（不退位）

4-26 视频
邮票游戏除法(不退位)

1. 演示

(1) 取工作毯,将工作毯铺好,教师介绍工作:"今天我要操作的工作是'邮票游戏除法(不退位)',请小朋友们仔细看"。(见图4-58)

(2) 打开邮票箱盖,展示并介绍箱中各种邮票。将相应的定位筹码摆放在工作毯上方(千位在左,个位在右)。

(3) 展示题目并让幼儿读出题目"3 639÷3="。

(4) 根据题卡取与被除数相应量的邮票摆在定位筹码的下面,取3 639,用手指千位数说"3 000就是3个1 000",然后边逐一取邮票放到小碗里边说"一个1 000,两个1 000,三个1 000",把碗里的邮票逐一拿出,按纵向排列放在相应的定位筹码(绿色)下面。以此类推,用以上同样的方法步骤表征3 639的百位、十位、个位,并将邮票纵向排列于相应定位筹码下面(从千位开始摆放)。

(5) 平均分配,因为除数是3就取3个绿色小人,代表3个小朋友。(见图4-59)

(6) 从千位开始分被除数(要求平均分配,直到被除数被分完为止)。然后依次到百位、十位、个位。(见图4-60)

(7) 把答案写在题卡上(从千位开始书写)。

(8) 写好答案后跟题卡后面结果比对,正确则点头,不正确则需要重新计算。

(9) 收拾整理工作教具,并说结束语:"今天我的工作操作完毕,请小朋友自选工作操作。"

图4-58　邮票游戏盒

图4-59　步骤5

图4-60　步骤6

2. 延伸操作

(1) 银行游戏除法。

(2) 金色串珠除法。

3. 错误控制

题卡背面设置正确答案进行验证。

案例五　邮票游戏加法（进位）

图4-61　邮票游戏加法(进位)

4-10 文档
邮票游戏加法(进位)

4-27 视频
邮票游戏加法(进位)

案例六　邮票游戏减法（退位）

图4-62　邮票游戏减法(退位)

4-11 文档
邮票游戏减法(退位)

4-28 视频
邮票游戏减法(退位)

案例七　邮票游戏乘法（进位）

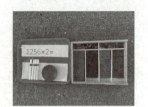

图 4-63　邮票游戏乘法（进位）

邮票游戏乘法（进位）

邮票游戏乘法（进位）

案例八　邮票游戏除法（退位）

图 4-64　邮票游戏除法（退位）

邮票游戏除法（退位）

邮票游戏除法（退位）

五、运用记忆的加减乘除四则运算

（一）加法板

案例　加法板

加法板

1. 教具构成

加法板、红色定规、蓝色定规、题卡、工作毯。（见图 4-65）

2. 教具目的

直接目的：练习加法运算。

间接目的：为进入心算阶段做准备。

3. 年龄

4—6 岁。

4. 演示

（1）教师取工作毯，将工作毯铺好，介绍工作："今天我们要操作的工作是'加法板'，请小朋友们积极配合参与。"

（2）把教具拿到工作毯中央，将蓝色定规按从 9 到 1，从下到上的顺序排列在加法板左边，靠右对齐，将红色定规按从 1—9，从上到下的顺序排列在加法板右边，靠左对齐。

（3）教师先读题卡之后展示题卡"5+2＝"。

（4）加法就是合起来，先取蓝色定规 2，放在加法板数字 1 下方方格内，提示幼儿蓝色定规之上显示的数字刚好到 2。（见图 4-66）

（5）教师说"+5"，然后将有数字 5 的红色定规拿出放在第二排格子上，顶格放置。

（6）教师说"加法就是合起来"，然后把红色定规向上移至蓝色定规一排，紧贴在蓝色定规之后。（见图 4-67）

（7）教师指向数字"7"并说"2+5＝7"，并进行验算，点数一遍，得数是"7"，写下正确得数"7"。

（8）将背后的正确答案给幼儿展示，验证结果。

（9）收定规，先将蓝色定规从长到短依次收纳，再将红色定规从短到长依次收纳。

（10）收拾整理工作教具并说结束语："今天我的工作操作完毕，请小朋友选择自己喜欢的工作操作。"

图4-65 加法板

图4-66 步骤4

图4-67 步骤6

5. 延伸操作

利用加法板10以内数的合成工作。

6. 错误控制

加法板本身的格子设置有对照数字,且题卡背后有正确答案。

(二) 减法板

案例 减法板

减法板

1. 教具构成

红蓝定规,白色定规,减法板(板上数字1—9是蓝色、10—18是红色,9的旁边是蓝色分隔线)。(见图4-68)

2. 教具目的

直接目的:(1) 初步理解减法的计算方法,理解减法概念。

(2) 学习10以内的减法。

间接目的:为养成数学心智做准备。

3. 年龄

4—6岁。

4. 演示

(1) 取工作毯,将工作毯铺好,介绍工作:"今天我们要操作的工作是'减法板',请小朋友们积极配合参与。"

(2) 铺一块工作毯,取出教具减法板(注意板上数字1—9是蓝色、10—18是红色,9的旁边是蓝色分隔线)。

(3) 先将定规取出摆放,将白色定规放减法板上方,按从长到短的顺序摆放,起始处与数字1对齐。红色定规按1—9,从上到下放左边,靠右摆放。蓝色定规按同样的顺序放右边靠左摆放。

(4) 教师出示题卡,读出题卡"8-4="。先数上方白色定规,数到8,将定规取出数8以后的数并盖住,然后取蓝色定规4对齐放置到白色定规左侧,数剩下的格子,然后取对应的红色定规,红色定规上的数字即是结果。(见图4-69)

(5) 最后将得出的结果对照题卡背面进行验证,如果正确则点头示意。(见图4-70)

(6) 收拾整理工作教具,将定规收回到盒子中,并说结束语:"今天我的工作操作完毕,请小朋友选择自己喜欢的工作操作。"

图4-68 减法板

图4-69 步骤4

图4-70 步骤5

5. 延伸操作

加减法板。

6. 错误控制

题卡背面有正确答案。

(三) 乘法板

案例　乘法板

1. 教具构成

乘法板及配套材料、题卡、笔、托盘、工作毯。(见图4-71)

2. 教具目的

直接目的:能使用和感知理解乘法的概念。

间接目的:能进行快速相加。

3. 年龄

4—5岁。

4. 演示

(1) 邀请幼儿围坐到工作毯旁边。(确保每个幼儿都能看到教师的操作。)

(2) 取工作毯,将工作毯铺好,介绍工作名称:"今天我示范操作的工作是'乘法板',请小朋友们注意看。"

(3) 将乘法板放在工作毯中央,将印有1—9数字的小木片有序摆放在乘法板左侧,靠右对齐。

(4) 读题卡,并解释其含义"5×3就是3个5相加",用小木片表示被乘数5,小红片表示乘数3。

(5) 首先取5个珠子,放于掌心感知,然后放在乘法板相应的位置,重复取3次放在乘法板相应的位置。(见图4-72)

(6) 点数、记录并验证。(见图4-73)

(7) 收拾整理工作教具,并说结束语:"今天我的工作操作完毕,请小朋友选择自己喜欢的工作操作。"

图4-71　乘法板

图4-72　步骤5

图4-73　步骤6

5. 延伸操作

幼儿通过不同的题卡巩固操作练习乘法板。

6. 错误控制

题卡背面设置验证答案。

(四) 除法板

案例　除法板

1. 教具构成

除法板、题卡、笔、1个盛放珠子的小碟子、托盘、工作毯。(见图4-74)

2. 教具目的

直接目的:知道除法就是平均分配。

间接目的:为以后心算做准备。

3. 年龄

4—5 岁。

4. 演示

(1) 邀请幼儿围坐到工作毯旁边。(确保每个幼儿都能看到老师的操作。)

(2) 取工作毯,将工作毯铺好,介绍工作名称:"今天我示范操作的工作是'除法板',请小朋友们注意看。"

(3) 将除法板放在工作毯中央,读题卡解释其含义"6÷2=就是将 6 的量平均分配给 2 个人"。

(4) 取被除数的量,放于掌心感知,将其放在小碟子中。

(5) 取除数的量的小人,放在除法板上。(见图 4-75)

(6) 将被除数的量平均分配给小人,直至分完。

(7) 每个小人所分到的量就是得数(商),点数、记录并验证。(见图 4-76)

(8) 收拾整理工作教具并说结束语:"今天我的工作操作完毕,请小朋友选择自己喜欢的工作操作。"

图 4-74　除法板

图 4-75　步骤 5

图 4-76　步骤 7

5. 延伸操作

幼儿通过不同的题卡巩固操作练习平均分配。

6. 错误控制

题卡背面设置验证答案。

六、分数

(一) 分数小人

案例　分数小人

1. 教具构成

木质分数小人 1 组 4 个,托盘、工作毯。(见图 4-77)

4-35 视频
分数小人

2. 教具目的

直接目的:了解一个整体可以分成若干部分,初步了解分数。

间接目的:学习与分数有关的语言表达。

3. 年龄

4—6 岁。

4. 演示

(1) 取工作毯,将工作毯铺好,介绍工作:"今天我们要操作的工作是'分数小人',请小朋友们积极配合参与。"

(2) 取完整的分数小人1全方位展示并说明:"这是一个完整的分数小人,也就是1。"

(3) 取出分数小人2,左右手各握半块向两侧拉开,并展示说明:"一个完整的小人,可以分为相等的两个部分,这边是1/2,这边也是1/2。"

(4) 将分数小人3,分为相等的三个部分,并展示说明:"这是1/3,这是1/3,这也是1/3。"利用同样的展示和说明方法介绍分数小人4。(见图4-78)

(5) 将两个1/2分数小人合在一起,说:"两个1/2分数小人合在一起变成完整的分数小人。"

(6) 用相同的方法演示1/3和1/4的分数小人组合成完整的分数小人的过程。(见图4-79)

(7) 教师用三阶段教学法,帮助幼儿巩固记忆。

(8) 收拾整理工作教具,并说结束语:"今天我的工作操作完毕,请小朋友自由选择工作操作。"

图4-77 分数小人

图4-78 步骤4

图4-79 步骤6

5. 延伸操作

将不同分数小人按照大小排序。

6. 错误控制

放错位置不能组成完整小人,不能放进圆形底座。

(二) 分数嵌板

案例　分数嵌板

分数嵌板

1. 教具构成

5个嵌板、托盘、工作毯。(见图4-80)

2. 教具目的

直接目的:理解分数的意义,学会简单的分数运算。

间接目的:为未来进行分数运算作准备。

3. 年龄

4—6岁。

4. 演示

(1) 教师取工作毯,将工作毯铺好,介绍工作:"今天我们要操作的工作是'分数嵌板',请小朋友们积极配合参与。"

(2) 展示并讲解教具名称:"这是分数板,这是扇形。"讲解1/2的构成,将两个扇形放在分数板上,两个扇形构成一个完整的圆形,也就是1,将其中一个扇形取出,取出的扇形也就是1/2。(见图4-81)

(3) 用同样的方法展示并讲解1/3、1/4、1/6、1/8的概念及指代的图形。(见图4-82)

(4) 教师用三阶段教学法,帮助幼儿巩固记忆。

(5) 收拾整理工作教具,并说结束语:"今天我的工作操作完毕,请小朋友自由选择工作操作。"

5. 延伸操作

在纸上画分数嵌板,并裁剪开,直观感受分数。

图4-80 分数嵌板

图4-81 步骤2

图4-82 步骤3

6. 错误控制

嵌板和圈是配套的,如果放错图形,则放不进。

实践训练

一、技能实训

要求:1. 以小组为单位,每组选择一项数学教育教具,由学生扮演教师轮流进行实践练习。

2. 小组成员一人扮演教师,其余充当学生,组织一节数学教育活动,并录制视频。

二、思考练习

1. 蒙台梭利数学教育有哪些特点?

2. 蒙台梭利数学教育的优势和局限性表现在哪些方面?

3. 家庭教育对于幼儿的成长也是较为重要的,请思考,如何将蒙台梭利数学教育理念应用于家庭数学教育中,具体应该怎么做?

模块五　蒙台梭利语言教育

模块导读

儿童期是语言发展的关键期,通过语言教育能够培养儿童的语言理解、表达和运用的能力。蒙台梭利语言教育主要围绕儿童听力教育、口语教育、书写预备教育和阅读能力教育四个方面来培养儿童的听、说、写、读能力,对儿童未来的发展具有至关重要的作用。

该模块的内容包括了蒙台梭利语言教育的相关理论,蒙台梭利语言教育的实施。该模块要求学习者了解并实施蒙台梭利语言教育的内容。

学习目标

1. 认知目标:了解蒙台梭利语言教育的目的、原则、内容。
2. 技能目标:能熟练、规范、完整地实施蒙台梭利语言教育活动。
3. 情感态度、价值观目标:萌发对蒙台梭利语言教育的兴趣,体验操作蒙台梭利教具的乐趣。

思政寄语

教育部《关于深化新时代学校思想政治理论课改革创新的若干意见》提出要增强"四个自信","厚植爱国主义情怀,把爱国情、强国志、报国行自觉融入坚持和发展中国特色社会主义事业、建设社会主义现代化强国、实现中华民族伟大复兴的奋斗之中"。为推动蒙台梭利语言教育与思政课建设形成协同效应,教育者首先应通过语言学习,引导儿童领略世界多样性,尊重多元文化,培养国际视野和跨文化交流能力,增强文化自信。其次,语言教育应成为道德品格的磨砺场。教育者要引导儿童用真诚、善良和美好的语言交流,表达对他人的关心与尊重,学会感恩、宽容与合作,使之成为具有社会责任感和公民意识的未来栋梁。

任务一　了解语言教育的基本内涵

在蒙台梭利幼儿园,悠悠每天都会走进那个充满各种教具和实物的教室。老师们会引导她通过观察和描述这些实物,来提升她的语言表达能力。悠悠对一个红色的苹果产生了浓厚的兴趣,她伸手去摸,然后兴奋地告诉老师:"这是一个大大的、红红的苹果!"

思考:请分析案例中悠悠的表现。

1. 了解蒙台梭利语言教育的概念。
2. 掌握蒙台梭利语言教育的原则与内容。
3. 掌握蒙台梭利语言教育的学习方法。

《指南》指出:"幼儿的语言能力是在交流和运用的过程中发展起来的。"①在蒙台梭利看来,儿童是积极的探索者和学习者,他们通过实际操作和亲身体验,逐步建立起自己的言语机制和认知结构,这一点与《指南》不谋而合。

一、语言教育的定义

语言教育是指通过创设一个有利于儿童语言发展的环境,让儿童能够自由地表达与探索,得以发展听、说、写、读能力的过程。

二、语言教育的意义

蒙台梭利强调儿童的自然与自主发展,培养儿童完整的语言能力以及语言文化素养,促进儿童的全面发展。

(一) 有利于发展儿童的听、说、写、读能力

儿童天生具备一种独特的"吸收性心智",这种心智使他们对语言保持着近乎本能的浓厚兴趣和强烈的模仿冲动。因此,教育者应当为儿童营造一个丰富多彩的语言环境,提供多样化的语言材料以充分激发儿童主动学习语言的兴趣。在这样的环境中,儿童能够自然而然地通过每一次聆听、每一次交谈、每一次阅读和书写,逐步增强听说能力,流畅地表达自己的思想和情感,也能够在书写和阅读中更

---

① 中华人民共和国教育部.3~6岁儿童学习与发展指南[M].北京:首都师范大学出版社,2012.

加准确地理解和运用语言。

(二) 有利于提高儿童的认知和思维能力

语言是儿童认知发展的重要手段,语言也随着认知的发展而发展。学前儿童对客观世界的认知不仅依赖于自身感官和动作,还依赖于语言的表达,认知程度的提高即标志着思维能力的提高。语言是思维的外衣,思维是语言的内核,①语言与思维之间有着密不可分的关系。由此,通过语言教育,能够帮助儿童形成逻辑思维和批判性思维,进一步培养思辨能力和分析、解决问题的能力。

(三) 有利于促进儿童的人际交往

影响儿童社会化的条件有社会环境系统、生物因素和心理工具,其中语言是儿童的符号系统,是人类最基本的交流工具。通过语言教育,儿童能够运用语言与同伴或他人传递信息,交流情感,有利于其与同伴或他人建立亲密和谐的人际关系,进而提高人际交往的效果。

(四) 有利于培养儿童的文化素养

语言不仅是交流的工具,也是文化传承的载体。蒙台梭利语言教育不仅关注语言理解和应用能力的培养,还强调文化素养的培养。通过语言教育,可以让幼儿阅读更多优秀的中华传统文学作品,了解自己的文化根源,增强文化自信,传承和发展本民族文化。

三、语言教育的目的

蒙台梭利语言教育主要聚焦于儿童语言理解和运用能力的发展,以及通过语言学习促进儿童的思维、文化素养等多方面的全面发展。根本目的是把儿童培养成一个具有深厚文化素养的人,洞察人类文明进步的人,能够承担未来世界责任的人。②

(一) 培养儿童的语言理解和运用能力

蒙台梭利语言教育强调儿童对语言的理解和运用,通过听、说、读、写等多种方式,帮助儿童理解语言的含义和规则,提高他们的语言理解和沟通能力,使他们能够更好地与他人交流。蒙台梭利语言教育重视儿童口语和书面语的发展,通过提供丰富的语言环境和实践机会,鼓励儿童积极表达自己的想法和感受,培养他们的语言组织和表达能力。

(二) 促进儿童的思维发展

语言与思维密切相关,通过语言学习,除了发展儿童的语言能力,还要注重促进儿童思维的发展,提高他们的观察力、思考力和解决问题的能力。同时,语言学习还有助于培养儿童的想象力和创造力,激发他们的创新精神。

(三) 提升儿童的文化素养

蒙台梭利语言教育强调儿童对文化的理解和尊重,通过语言学习,儿童能了解不同文化的特点和价值,培养他们的跨文化意识和交际能力。

---

① 朱莉萍,王梅金,张盛威.蒙台梭利教学法[M].长沙:湖南师范大学出版社,2022.
② 段云波,卢书全.蒙台梭利语言教育[M].长春:北方妇女儿童出版社,2009.

四、语言教育的原则

（一）自由原则

蒙台梭利语言教育认为，儿童应该拥有自由选择学习内容和方式的权利。这种自由不仅限于选择自己感兴趣的书籍、材料或活动，更包括自由地表达自己的想法和感受。为儿童提供一个自由、宽松的学习环境，可以激发他们的学习兴趣和主动性，促进他们的语言发展。

（二）主体性原则

在蒙台梭利语言教育中，儿童被视为学习的主体和主人，他们应该主导自己的学习进程，这意味着教师不再是单纯的知识传授者，而是儿童学习过程中的引导者和支持者。因此，教师需要根据儿童的兴趣和需求，为他们提供适当的材料和指导，帮助他们建立自己的语言体系和学习方法。

（三）全面发展原则

蒙台梭利语言教育强调儿童语言能力的全面发展，即听、说、写、读各个方面的发展。教师通过为儿童提供丰富的语言环境和实践机会，让他们在实践中学习和运用语言，全面提高他们的语言理解和表达能力。

（四）差异性原则

蒙台梭利语言教育尊重每个儿童的个性和差异，认为每个儿童都是独一无二的个体，他们有自己的学习方式和速度。因此，教师需要关注每个儿童的需求和进步，为他们提供个性化的指导和支持。同时，教师也需要尊重儿童的选择和决定，鼓励他们表达自己的观点和想法。

（五）实践性原则

蒙台梭利语言教育强调通过实践来学习语言。儿童需要在真实、自然的语言环境中进行语言实践，如与同伴交流、参与游戏、阅读书籍等。通过实践，儿童可以更好地理解和运用语言，提高语言能力和社交能力。

五、语言教育的内容

蒙台梭利语言教育的内容包括听、说、写、读四个方面。

（一）听力教育

听力教育是指通过系统的、有针对性的训练活动，促进儿童听觉系统的成熟和语言技能的形成，培养儿童对声音的敏感度、语音辨识能力和理解能力，为他们未来的语言学习和社交互动奠定坚实的基础。听力教育的核心目的是通过听觉刺激和丰富的语言环境，激发儿童的内在学习兴趣和主动性。听力教育内容主要包括：安静游戏、听指令做动作、寻声游戏、传话筒、给乐器找好朋友等。

（二）口语教育

蒙台梭利口语教育是指通过自我探索、实际操作以及与环境的互动，自然、自主地发展儿童的口语表达能力，目标是帮助儿童发展清晰、准确的口语表达能力，使他们能够流畅、自信地与他人进行交流。

口语教育训练教具主要包括：礼貌用语、绕口令等。

（三）书写预备教育

书写预备教育是指通过一系列活动和教具，以间接的方式培养儿童的手部精细动作、手眼协调能力、对符号的识别和理解能力，以及书写的兴趣和习惯，为儿童书写能力的培养打下坚实的基础。书写预备教育教具主要包括：铁质几何嵌板、砂纸字母表、活动字母箱、文字装饰与拓印等。

（四）阅读教育

阅读教育强调在预备的环境中，通过儿童的自我探索、与环境的互动以及教师的指导，帮助儿童建立对阅读的兴趣，培养阅读能力，包括文字识别、阅读理解、阅读表达等。阅读教育教具主要包括：蒙台梭利三段卡、古诗、词汇卡片、绘本等。

六、语言教育的学习方法

三阶段教学法是蒙氏语言教育中最常用的学习方法。在语言教育中，借助三阶段教学法帮助儿童将抽象的物体性质，通过语言表达出来，以区分相同性质之间的差异。三阶段教学法主要由命名、辨别、发音三个阶段组成。

1. 第一阶段：命名

命名阶段是指儿童对物体名称的认识，一般由指导教师指出物体并准确说出物体的名称，帮助儿童建立物体和名称之间的联系。

基本操作：将需要认识的物体摆在儿童面前，然后分别命名。例如，在听指令做动作活动中，教师对幼儿说："这是眼睛、鼻子、耳朵、嘴巴、手、腿……"

2. 第二阶段：辨别

辨别阶段是为了帮助幼儿加强认识物体和名称之间的对应关系，检验前一阶段的效果。

基本操作：将需要辨别的物体放置在幼儿面前，进行询问或是提出要求。例如，在听指令做动作活动中，教师询问幼儿："请小朋友告诉我，眼睛在哪里？耳朵在哪里？……"

3. 第三阶段：发音

发音阶段是为了帮助幼儿记忆名称或概念，让幼儿能够正确说出物体的名称或概念。

基本操作：教师出示类似物体，对幼儿进行询问或提出要求。例如，教师让幼儿说出："眼睛在这里，耳朵在这里……"

任务二　实施蒙台梭利语言教育

案例导入

蒙台梭利语言教育强调语言学习来自听、看、模仿和练习。在课堂上，老师们会用清晰、生动的语言讲述故事，帅帅则认真地听着，眼睛里闪烁着好奇的光芒。他还喜欢模仿老师和其他小朋友的发音和语调，通过不断地模仿和练习，帅帅的口语表达能力得到了显著的提高。

思考:请结合蒙台梭利的语言教育实施方法,分析帅帅口语能力提升的原因。

任务要求

1. 熟练实施蒙台梭利听力教育的内容。
2. 熟练实施蒙台梭利口语教育的内容。
3. 熟练实施蒙台梭利书写预备教育的内容。
4. 熟练实施蒙台梭利阅读教育的内容。

一、蒙台梭利听力教育的实施

(一)安静游戏

案例　安静游戏——轻声点名

安静游戏
——轻声点名

1. 教具构成

桌椅。

2. 教具目的

直接目的:学会安静下来并让幼儿轻声说话。

间接目的:锻炼听觉能力。

3. 年龄

2.5—3岁。

4. 演示

(1)取出工作教具,将工作放于桌子上进行操作,安静坐好。教师介绍工作:"今天我操作的工作是'安静游戏——轻声点名',请小朋友注意听。"(见图5-1)

(2)让幼儿安静闭上眼睛,教师轻声叫一个幼儿的名字,请叫到名字的那个幼儿睁开眼,轻轻走到教师面前。(见图5-2)

(3)如果名字与上来的幼儿相符合,则点头示意,若不相符合,则摇摇头,让幼儿回到座位,再次游戏。

(4)三阶段教学法:教师轻声叫一个幼儿的名字。(见图5-3)

命名:"这是×××。"

辨别:"请一位小朋友告诉我这是×××吗?"幼儿说出后教师说"谢谢"。(教师请幼儿回答问题时需掌心朝上邀请幼儿。)

发音:"请××小朋友告诉我这是——"幼儿说完后教师回应说"谢谢"。

图5-1　步骤1　　　　　图5-2　步骤2　　　　　图5-3　步骤4

5. 延伸操作

(1)让幼儿安静听窗外的声音,根据声音猜想外面发生的事情。

(2) 让幼儿安静下来,听教室里开门、关门、倒水等的声音。

6. 错误控制

幼儿知晓自己及其他同学的姓名。

(二) 听指令做动作

案例　请你跟我这样做

5-2 视频

请你跟我这样做

1. 教具构成

幼儿自己的五官。

2. 教具目的

直接目的:听指令指出五官正确的位置,并做出相应的动作。

间接目的:锻炼反应和倾听的能力。

3. 年龄

2—3 岁。

4. 演示

(1) 取工作毯,将工作毯铺好,师幼围坐一圈,教师介绍工作:"今天我要操作的工作是'请你跟我这样做',请小朋友注意听。"(见图 5-4)

(2) 教师做出各种动作,幼儿进行模仿。教师:"请你跟我这样做。"(如摸耳朵、摸眼睛等,内容不限。)(见图 5-5)

(3) 三阶段教学法。(见图 5-6)

命名:"这是眼睛、鼻子、耳朵、嘴巴……"

辨别:"请××小朋友告诉我眼睛在哪里?请××小朋友告诉我耳朵在哪里?……"

发音:"请××小朋友告诉我这是——(眼睛、鼻子、耳朵、嘴巴)"

(4) 可以请幼儿上来,模仿教师的动作。

(5) 操作结果。幼儿自选工作进行操作,教师巡回指导。

图 5-4　步骤 1　　　　图 5-5　步骤 2　　　　图 5-6　步骤 3

5. 延伸操作

模仿比较有难度的动作。

6. 错误控制

在模仿时,幼儿可看到同伴及教师的动作,进行自我校正。

(三) 寻声游戏

案例一　什么声音

1. 教具构成

下雨、打雷、刮风的图片和音频。(见图 5-7)

2. 教具目的

直接目的：认识和区分下雨声、打雷声和风声。

间接目的：提高对声音的辨别能力和反应能力。

3. 年龄

2—3岁。

4. 演示

（1）取工作毯，将工作毯铺好，师幼围坐一圈，教师介绍工作："今天我要操作的工作是'什么声音'，请小朋友们积极配合。"

（2）将图卡按刮风、打雷、下雨的顺序进行摆放，并一一介绍。（见图5-8）

（3）播放音频，引导幼儿感知不同气象场景的声音。（见图5-9）

（4）再次播放音频，引导幼儿找出对应气象场景图片，并说出是什么声音（刮风、打雷、下雨）。

（5）三阶段教学法。

命名："这是下雨声、打雷声、风声。"

辨别："请××小朋友告诉我下雨声是哪一个？请××小朋友告诉我打雷声是哪一个？请××小朋友告诉我风声是哪一个？"

发音："请告诉我这是××声（下雨声、打雷声、风声）。"

（6）收拾整理工作教具，并说结束语。

图5-7 图卡和视频教具

图5-8 步骤2

图5-9 步骤3

5. 延伸操作

请幼儿模仿刮风、打雷、下雨的声音。

6. 错误控制

刮风、打雷、下雨独特的声响。

案例二　听听谁来了　　案例三　鞋子的声音　　案例四　谁在叫

图5-10 听听谁来了

图5-11 鞋子的声音

图5-12 谁在叫

(四) 传话筒

案例 传话筒

1. 教具构成
几句简单的悄悄话、小夹子、托盘。(见图5-13)

2. 教具目的
直接目的:学会认真倾听并传达。
间接目的:锻炼口语能力,培养倾听能力。

3. 年龄
2.5—3岁。

4. 演示
(1) 取工作毯,将工作毯铺好,师幼围坐一圈,教师介绍工作:"今天我要操作的工作是'传话筒',请小朋友们积极配合。"
(2) 教师在准备好的几句简单悄悄话纸条中随意选一张,仔细看纸条上写的内容并记住。
(3) 教师轻轻把悄悄话告诉旁边的幼儿,再由这位幼儿把悄悄话轻轻传给下一位幼儿。(见图5-14)
(4) 以此类推,由最后一位幼儿把悄悄话大声说出来。(图5-15)
(5) 三阶段教学法。
命名:"三句悄悄话分别是'我喜欢吃哈密瓜''有只小狗叫汪汪''天空有一道彩虹'"。
辨别:"请小朋友指出我刚刚说的悄悄话是哪一句?"
发音:"请告诉我这句悄悄话是——(我喜欢吃哈密瓜,有只小狗叫汪汪,天空有一道彩虹)"
(6) 结束工作,并说结束语:"我的工作操作完毕,请小朋友自选喜欢的悄悄话操作。"

图5-13 悄悄话教具

图5-14 步骤3

图5-15 步骤4

5. 延伸操作
选其他纸条上的悄悄话继续进行传话筒游戏。

6. 错误控制
最后一位幼儿大声说出的悄悄话与纸条上的文字内容可进行相互验证。

(五) 乐器配对

案例 给乐器找朋友

1. 教具构成
碰铃、沙锤、摇铃、响板四种乐器各一对。(见图5-16)

2. 教具目的
直接目的:学会认真倾听并传达。
间接目的:锻炼口语能力,培养倾听能力。

3. 年龄

2.5—3 岁。

4. 演示

(1) 取工作毯,将工作毯铺好,师幼围坐一圈,教师介绍工作:"今天我要操作的工作是'给乐器找朋友',请小朋友注意听。"

(2) 教师展示并介绍四种乐器,让幼儿听一遍每种乐器的声音。(见图 5-17)

(3) 教师将幼儿分为两组,并让他们背对背而坐。教师将乐器分给两组幼儿(同一组幼儿不出现相同的乐器),指定一名幼儿奏响手中的乐器,其他幼儿听到后判断哪一个是发出声音的乐器,手持相同乐器的幼儿要同时奏响手中的乐器回应,直到所有乐器配对完成。(见图 5-18)

(4) 收拾整理工作教具,并说结束语:"请小朋友们将乐器放回原来的位置"。

图 5-16　四种乐器　　　图 5-17　步骤 2　　　图 5-18　步骤 3

5. 延伸操作

蒙上眼罩辨别乐器。

6. 错误控制

同种乐器演奏出的声音是相同的。

二、蒙台梭利口语教育的实施

(一) 礼貌用语

案例　礼貌用语

1. 教具构成

礼貌用语图卡,工作毯。(见图 5-19)

2. 教具目的

直接目的:了解正确的礼貌用语。

间接目的:在日常生活中会使用礼貌用语。

3. 年龄

3 岁。

礼貌用语

4. 演示

(1) 取出工作教具,将教具放于桌子上进行操作,师幼围坐一圈,教师介绍工作:"今天我要操作的工作是'礼貌用语',请小朋友注意看。"

(2) 教师出示场景图片,请幼儿仔细观察。(见图 5-20)

提问:"图片上的小朋友在做什么? 小朋友们在公交车上遇到老人会怎么做?"

(3) 教师引导幼儿知道在公交车上遇到老人要主动让座,别人跟我们说"谢谢"时要回应说"不客气"。

(4) 再出示另一张图片请幼儿仔细观察。(见图5-21)

提问:"图片上的两位小朋友发生了什么?如果你遇到这种情况你会怎么做?"

(5) 教师引导幼儿做错事情要跟别人道歉说"对不起",当别人跟你道歉时要回应说"没关系"。

(6) 活动结束,幼儿自由选择工作操作。

图5-19 礼貌用语教具　　　图5-20 步骤2　　　图5-21 步骤4

5. 延伸操作

情景演练。

6. 错误控制

场景和礼貌用语不对应。

(二) 绕口令

案例　绕口令《分果果》

1. 教具构成

绕口令、图片、字卡(多、哥、果、分)。(见图5-22)

2. 教具目的

直接目的:(1) 喜欢阅读绕口令,感受绕口令的趣味性。

　　　　　(2) 能熟练地朗诵绕口令,发音清晰,认识多、哥、果、分等汉字。

间接目的:(1) 懂得与人相处的方法,知道谦让是一种美德。

　　　　　(2) 大胆地在集体面前表达自己的想法。

3. 年龄

2.5—3岁。

4. 演示

(1) 取工作毯,将工作毯铺好,师幼围坐一圈,教师介绍工作:"今天我要操作的工作是'绕口令《分果果》',请小朋友注意听。"

(2) 谈话引出课题,教师:"你最喜欢吃什么水果?愿意和别人分享吗?有个小朋友叫'多多'(出示字卡'多'),他也在分果果,我们看看他是怎么做的。"(见图5-23)

(3) 教师出示图片,请幼儿观察后回答:图片上有谁?他们在干什么?鼓励幼儿用自己的语言来描述图片内容,教师适当指导。

绕口令《分果果》:多多和哥哥,坐下分果果。哥哥让多多,多多让哥哥,外婆乐呵呵。

(4) 教师边慢速朗诵绕口令边出示相应的字卡,让幼儿找出字卡上的字,并练习正确发音。(见图5-24)

(5) 幼儿跟教师指读绕口令,反复练习。

(6) 鼓励幼儿在集体面前大胆朗诵绕口令,提醒幼儿朗诵的速度不要快,但口齿要清楚。

(7) 收拾整理工作教具,并说结束语。

绕口令《分果果》

图 5-22　绕口令教具

图 5-23　步骤 2

图 5-24　步骤 4

5. 延伸操作

体验分享：你会和多多一样，把大的、好的东西让给别人吗？你还有什么好东西愿意和别人一起分享？

6. 错误控制

字卡颜色有不同。

三、蒙台梭利书写预备教育的实施

（一）铁制几何嵌板

案例　铁制几何嵌板

1. 教具构成

（1）1 个托盘，1 张白纸，装有彩色铅笔（1 支红色、1 支黑色）的笔筒。

（2）金属嵌板教具：由 5 个曲线型图形和 5 个直线型图形组成。（见图 5-25）

2. 教具目的

直接目的：学会正确的握笔和书写姿势；正确掌握各种不同形状的名称。

间接目的：提高手眼协调能力，为将来学习书写作准备；建立美感、秩序感和专注力以及良好的书写习惯。

3. 年龄

4 岁以上。

4. 演示

（1）取工作，将工作放于桌面，教师介绍工作："今天我要操作的工作是'铁制几何嵌板'，请小朋友们围坐到操作桌旁边。"（此项工作需要在桌面上进行。）

（2）将白纸摆在桌子中央，以圆形嵌板为例，再把圆形嵌板外框取出放在纸的中间，用手沿着嵌板框的边缘触摸一圈，以使嵌板与白纸充分接触。

（3）选择黑色彩笔，向幼儿示范正确的握笔姿势。

（4）用左手按住圆形嵌板的外框，从框上标注的位置起笔，沿嵌板框的内沿描画一圈并介绍这个图形，然后将笔和嵌板归位。（见图 5-26）

（5）拿起带钮的圆形嵌板，放在刚才画好的轮廓上与其重合。再用右手拿起红色彩笔，沿着圆形嵌板的外沿描画一圈。画完后，将笔和嵌板归位，其余几何嵌板按照以上操作进行。（见图 5-27）

（6）收拾整理工作教具并说结束语。

图 5-25 铁制几何嵌板

图 5-26 步骤 4

图 5-27 步骤 5

5. 延伸操作

（1）教师请幼儿用彩笔将图形的空心部分涂上喜欢的颜色。

（2）教师指导幼儿将多个图形叠画在一起，组成新的图形并涂色。

6. 错误控制

幼儿可沿着嵌板轮廓描画。

（二）砂字母板

案例　砂字母板

1. 教具构成

砂字母板。（见图 5-28）

2. 教具目的

直接目的：认识字母并练习正确发音。

间接目的：培养对字母的感觉，学习字母的名称与笔顺，为书写作准备。

5-12 视频
砂字母板

3. 年龄

3—5 岁。

4. 演示

（1）取工作教具，将工作放于桌面进行操作，教师介绍工作："今天我要操作的工作是'砂字母板'，请小朋友们围坐到操作桌旁边。"（确保每个幼儿都能看到老师的操作。）

（2）取出三个砂字母板字面朝下放在桌面上。将其中的一块板翻过来，左手按住砂字母板，右手食指和中指并拢，按正确笔顺描摹板上的字母，边描边重复字母的发音，然后请幼儿重复教师的操作。用同样方法描摹其他字母。（见图 5-29）

（3）将三块砂字母板字面朝上放在桌面上，用三阶段教学法进行教学。（见图 5-30）

命名：依次指认字母发音。

辨别：教师说出一个字母，请幼儿指认出对应字母。

发音：教师指向某一字母，请幼儿说出它的发音。

（4）收拾整理工作教具，并说结束语。

图 5-28 砂字母板

图 5-29 步骤 2

图 5-30 步骤 3

5. 延伸操作

用砂字母板开展认识其他字母并学习发音的活动。

6. 错误控制

字母部分是特殊的材质,用手触摸是粗糙的触感。

(三) 活动字母箱

案例　活动字母箱

1. 教具构成

活动字母箱、砂字母板。(见图5-31)

活动字母箱

2. 教具目的

直接目的:开始分析字母,为阅读、书写和拼写作准备。

间接目的:学会使用拼音拼字,尽可能地独立工作。

3. 年龄

4岁以上。

4. 演示

(1) 取工作教具,将工作放于桌面进行操作,教师介绍工作:"今天我要操作的工作是'活动字母箱'",邀请小朋友们围坐到操作桌旁边。(确保每个幼儿都能看到老师的操作。)

(2) 请幼儿从砂字母板里拿出三个认识的拼音字母,询问幼儿三个字母的发音,再请幼儿用手描一遍字母。(见图5-32)

(3) 请幼儿依次从活动字母箱中找到与砂字母板相对应的字母,并让幼儿来读一读。(见图5-33)

(4) 收拾教具,要先把物体收回到箱子里。收字母的时候,从左上方第一个字母开始,找到所有相同的字母,一起放回字母箱中正确的位置,以同样的方法,按照从左到右的顺序,将所有的字母收回字母箱。

(5) 收拾整理工作教具并说结束语。

图5-31　活动教具

图5-32　步骤2

图5-33　步骤3

5. 延伸操作

(1) 将字母箱放好,再取一个托盘随机放一些物品,请幼儿逐一认读托盘里的东西,引导幼儿用字母箱里面的字母来拼出这些物品的名称。

(2) 字母箱放好后,拿一箱卡片(物品卡片),让幼儿认读一次,然后用卡片拼出这些名称。

6. 错误控制

教师观察纠正。

(四) 笔画砂纸板

案例　笔画砂纸板

1. 教具构成

14个笔画砂纸板。(见图5-34)

2. 教具目的

直接目的:学习汉字笔画的书写和发音。

间接目的:为以后书写汉字打基础。

3. 年龄

4—6岁。

4. 演示

(1) 取工作教具,将工作放于桌面进行操作,教师介绍工作:"今天我要操作的工作是'笔画砂纸板',请小朋友们围坐到操作桌旁边。"(确保每个幼儿都能看到老师的操作。)

(2) 将笔画砂纸板取来放在操作桌的右上角,先取出笔画"横"的一块,左手按住砂纸板的边缘,右手食指沿着笔画"横"来描绘,边描边说"横、横",如此反复2—3次。(见图5-35)

(3) 教师操作完,把砂纸板放在幼儿的面前,并说"你想来试一试吗?"请幼儿用手指食指顺着笔画描几次。(见图5-36)

(4) 用同样的方法展示其他笔画的书写。

(5) 练习2—3块后,收起教具归位,收拾整理工作教具并说结束语。

图5-34 笔画砂纸板

图5-35 步骤2

图5-36 步骤3

5. 延伸操作

(1) 制作简单的卡片字,让幼儿根据卡片字找出卡片字所包含的笔画。

(2) 自制英文字母的砂纸板。

6. 错误控制

笔画的描写与语言表述相匹配。

(五) 装饰文字

案例　造福字

1. 教具构成

多种字体的福字、彩色纸片、打孔器、白乳胶、刷子、装纸片的容器。(见图5-37)

2. 教具目的

直接目的:认识并装饰不同字体的福字。

间接目的:在装饰福字的过程中锻炼手部精细动作。

3. 年龄

3—4岁。

4. 演示

(1) 取工作毯,将工作毯铺好,教师介绍工作:"今天我们一起来'造福字',请小朋友注意看。"

(2) 引导幼儿认识多种字体的福字。

(3) 引导幼儿用打孔器打小圆片。(见图5-38)

(4) 引导幼儿选择自己喜欢的字体的福字,用小刷子将"福"字的左偏旁刷上白乳胶,将打好的小圆片贴在上面。

(5) 将福字的右偏旁也刷上白乳胶,并贴上小圆片。(见图5-39)

(6) 收拾整理工作教具并说结束语:"今天我的工作操作完毕,请小朋友自由选择工作操作。"

图5-37 福字教具

图5-38 步骤3

图5-39 步骤5

5. 延伸操作

用自己喜欢的彩色小圆片纸装饰不同字体的福字。

6. 错误控制

福字的轮廓。

(六) 拓印文字

案例 拓印"新年好"

1. 教具构成

拓印模具、颜料、刷子、白纸。(见图5-40)

2. 教具目的

直接目的:利用模具进行拓印。

间接目的:通过操作,简单了解中国古代活字印刷术的原理。

5-16 视频
拓印"新年好"

3. 年龄

3—4岁。

4. 演示

(1) 取工作教具,将工作放于桌面进行操作,教师介绍今天操作的工作名称是"拓印'新年好'"。

(2) 介绍所需物品(拓印模具、颜料、刷子、白纸)。

(3) 用刷子在模具凸出部位涂上颜料。(见图5-41)

(4) 取一张白纸(避免拓印到纸张外面,纸要比模具稍大),将涂好颜料的模具倒扣在白纸中央。

(5) 用双手按压,取掉模具即完成拓印。后用同样的方法继续拓印剩余的字。(见图5-42)

(6) 引导幼儿观察"新年好"的字形与拓印模具之间的区别。

(7) 收拾整理工作教具并说结束语:"今天我的工作操作完毕,请小朋友自由选择工作操作。"

图5-40 拓印教具

图5-41 步骤3

图5-42 步骤5

5. 延伸操作

拓印彩色的"新年好"和更多的汉字。

6. 错误控制

拓印模具与汉字是对应的。

四、蒙台梭利阅读教育的实施

(一) 蒙台梭利三段卡

案例　十二生肖三段卡

1. 教具构成

十二生肖三段卡(鼠、牛、虎、兔)。(见图5-43)

2. 教具目的

直接目的:通过三段卡认识十二生肖中的鼠、牛、虎、兔。

间接目的:萌生对属相进一步探究的愿望。

3. 年龄

3—4岁。

4. 演示

(1) 取工作毯,将工作毯铺好,师幼围坐一圈,教师介绍工作:"今天我要操作的工作是'十二生肖三段卡',请小朋友们注意看。"

(2) 请幼儿回忆十二生肖故事里有哪12只动物,排在第一的是谁,由此引出老鼠三段卡。

(3) 依次把鼠、牛、虎、兔四个动物三段卡引出来,将三段卡中控制卡(同时含图片与文字)挑选出来摆在工作毯上。

(4) 取三段卡里的图片卡,依次与控制卡配对,不对的摇头,继续找下去,对的点头,放在控制卡下面。(见图5-44)

(5) 最后取出三段卡里的文字卡,依次与控制卡里的字对应,不对的摇头,继续找下去,对的点头,放在图片卡下面,组合成与控制卡相同的样子。

(6) 再请幼儿多次重复说出教师指定的动物名称,或教师手指卡片请幼儿说出是什么动物。(见图5-45)

(7) 幼儿完全掌握后,结束工作,收拾整理工作教具。

(8) 全部认读完毕,请幼儿拿名称卡与本人的配对。

(9) 收拾整理工作教具并说结束语。

图5-43　十二生肖三段卡　　图5-44　步骤4　　图5-45　步骤6

5. 延伸操作

教师说动物,幼儿说出其排在十二生肖里第几位。

6. 错误控制

幼儿可借助三段卡进行匹配验证。

（二）古诗

案例　古诗《悯农》

1. 教具构成

古诗《悯农》图片。（见图5-46）

2. 教具目的

直接目的：学会古诗《悯农》。

间接目的：在生活中学会不浪费粮食。

3. 年龄

3岁。

4. 演示

（1）取工作毯，将工作毯铺好，师幼围坐一圈，教师介绍工作："今天我要操作的工作是'古诗《悯农》'，请小朋友们注意看。"

（2）教师出示图片，引导幼儿观察并讨论画面内容。（见图5-47）

提问：这位农民伯伯在干什么？小朋友觉得农民伯伯辛不辛苦？

（3）教师有感情地朗诵古诗，请幼儿欣赏古诗。（见图5-48）

（4）幼儿学习古诗，有感情地朗诵古诗，理解古诗含义。

（5）活动结束，幼儿自由选择工作操作。

图5-46　《悯农》教具

图5-47　步骤2

图5-48　步骤3

5. 延伸操作

引导幼儿完整背诵古诗并能表述古诗的含义。

6. 错误控制

发音不准确。

（三）词汇卡片

案例　量词歌

1. 教具构成

《量词歌》字卡、量词图片、托盘、工作毯。（见图5-49）

2. 教具目的

直接目的：学会《量词歌》。

间接目的：认识量词并运用在生活中。

3. 年龄

3—4 岁。

4. 演示

(1) 取工作毯,将工作毯铺好,师幼围坐一圈,教师介绍工作:"今天我要操作的工作是'量词歌',请小朋友们积极配合。"

(2) 师幼谈话:"小朋友们知道什么是量词吗?在生活中什么时候会说量词呢?"出示量词图片请幼儿观察,教师引导幼儿说出看到了什么。(见图 5-50)

(3) 教师念《量词歌》,幼儿倾听。

(4) 幼儿学习《量词歌》。(见图 5-51)

一头牛,两匹马;三条鱼,四只鸭;五本书,六支笔;

七棵果树,八朵花;九架飞机,十辆车;用错量词出笑话。

(5) 活动结束,收拾整理工作教具,幼儿自由选择工作操作。

图 5-49　量词歌

图 5-50　步骤 2

图 5-51　步骤 4

5. 延伸操作

量词游戏。

6. 错误控制

量词与物体不匹配。

(四) 绘本阅读

案例　绘本阅读《猜猜我有多爱你》

1. 教具构成

绘本《猜猜我有多爱你》。(见图 5-52)

2. 教具目的

直接目的:通过绘本感受阅读的快乐。

间接目的:静心阅读、注意聆听,留心观察阅读的基本方法。

5-20 视频
绘本阅读
《猜猜我有
多爱你》

3. 年龄

2—3 岁。

4. 演示

(1) 取工作,将工作放于桌面进行操作,教师介绍工作:"今天我要操作的工作是'绘本《猜猜我有多爱你》',请小朋友们注意看。"请小朋友们围坐在桌子四周。

(2) 出示绘本,介绍书名。(见图 5-53)

(3) 引导幼儿逐页看图,说一说自己看到的内容,教师补充并讲解说明。

(4) 展示绘本中某一页,并提问:"小兔子用什么样的方法来说明自己对妈妈的爱?"请幼儿模仿故事中的情节,如跳的方法、举手指头的方法、伸长手臂的方法等。(见图 5-54)

(5) 谈话活动:如果是你,你会怎么表达对妈妈的爱?

（6）收拾整理工作教具并说结束语。

图 5-52 《猜猜我有多爱你》　　图 5-53 步骤 2　　图 5-54 步骤 4

5. 延伸操作

绘本故事表演。

6. 错误控制

绘本选择。

一、技能实训

项目一：利用听力教育原理，开展儿童听力训练工作，提高儿童的倾听能力。

要求：

1. 设计情景，在蒙台梭利教室中开展听力训练工作。
2. 活动须符合幼儿认知发展特点，以小组形式展开。

项目二：语言教育活动设计。

要求：

1. 以小组为单位，每组选择一项语言教育教具，学生扮演教师轮流进行实践练习。
2. 小组成员一人扮演教师，其余充当学生，组织一个口语教育活动，并录制视频。

二、思考练习

1. 请阐述蒙台梭利语言教育的价值。
2. 请结合本章内容知识点，谈谈你对蒙台梭利语言教育的理解，结合我国蒙台梭利的本土化教育，自拟题目，写一篇文章。
3. 请谈谈蒙台梭利语言教育的局限性。

模块六　蒙台梭利科学文化教育

模块导读

儿童科学文化教育是科学启蒙教育，蒙台梭利科学文化教育融入大量的科学文化内容，并采用多种教具，让儿童在操作中亲身体验，感受科学的有趣、有用，从小就对科学文化产生浓厚的学习兴趣，并在学习中获得大量的科学经验。

该模块的内容包括蒙台梭利科学文化教育的相关理论，蒙台梭利科学文化教育的实施。该模块要求学习者了解并能够实施蒙台梭利科学文化教育活动。

学习目标

1. 认知目标：了解蒙台梭利科学文化教育的意义、目的、原则与内容。
2. 技能目标：能熟练、规范、完整地实施蒙台梭利科学文化教育活动。
3. 情感态度、价值观目标：萌发对蒙台梭利科学文化教育的兴趣，体验操作蒙台梭利教具的乐趣。

思政寄语

中共中央办公厅、国务院办公厅印发的《关于新时代进一步加强科学技术普及工作的意见》中要求提升全民科学素质，大力弘扬科学精神和科学家精神。蒙台梭利认为3—4岁是幼儿科学文化学习的敏感期，应创设真实物质环境促进幼儿对科学文化的了解，激发幼儿对科学学习的兴趣。孩提时期激发和培养的兴趣能推动儿童持续性地对科学文化产生兴趣，并获得较高的科学文化素养。另外，了解蒙台梭利科学文化教育的内容，掌握蒙台梭利科学文化教育的方法，有利于筑牢和提升高等学校学前教育专业师范生的科学知识与科学素质。

任务一　了解科学文化教育的基本内涵

案例导入

在一个阳光明媚的早晨,蒙台梭利幼儿园的幼儿们迎来了他们的科学探索日。教师精心准备了一系列丰富多彩的科学活动,首先,幼儿被带到了幼儿园的种植区和饲养区,在这里,他们亲手种植了各种蔬菜和小花,并学习了如何照料它们。随后,幼儿来到了科学实验室,在教师的指导下,他们进行了水的沸腾实验,幼儿亲手操作实验器材,观察并记录水的加热过程以及水沸腾时的现象。最后,幼儿参与了一系列科学游戏和玩具的体验活动。他们使用各种自然物(如水、沙、石、树等)和玩具图片进行感知、排列、分类和配对游戏。

思考:案例中幼儿操作了哪些科学文化教育的内容?有何作用?

任务要求

1. 了解蒙台梭利科学文化教育的概念。
2. 掌握蒙台梭利科学文化教育的原则。
3. 掌握蒙台梭利科学文化教育的内容。

《纲要》指出:"幼儿的科学教育是科学启蒙教育,重在激发幼儿的认识兴趣和探究欲望。"蒙台梭利认为儿童学习文化的兴趣萌芽于三岁,此时他们的心智如同一片肥沃的田地。而蒙台梭利科学文化教育正是以儿童兴趣为基础,在其间播撒科学文化的种子。此外《指南》指出:"引导幼儿通过直接感知、亲身体验和实际操作进行科学学习。"蒙台梭利科学文化教育不仅融入了大量科学文化的内容,还包含了各类嵌板、模型、拼图、三步卡、定义册等教具,充分鼓励儿童利用感官,在操作的过程中亲身体验科学的趣味,通过实际操作对科学产生好奇与热情,获得大量的科学经验。

一、科学文化教育的定义

学习蒙台梭利科学文化教育应先了解什么是科学文化。科学文化由科学与文化两个词语组成,科学是一种经过实践反复检验的知识体系,是对客观事物的结构、形式等进行推测的知识系统。文化是相对于政治、经济而言的人类全部精神活动及其产品。而科学文化从广义上而言,是人类所创造的各种科学成果与精神财富的总和。科学文化系统的基本结构及其当代特征,可相应地从精神文化、物质文化和规范文化这三个层面上展开,精神文化是科学文化系统中的核心与精髓。①

蒙台梭利认为难以带着儿童走遍全世界,但可以把全世界带到儿童视野中。因此蒙台梭利科学文化教育涵盖面极广,包含植物学、地理学、地质学、历史学、动物学、天文学、物理学、人体生理学方面的

---

① 段云波,林丽.蒙台梭利科学文化教育[M].济南:山东教育出版社,2008.

知识。蒙台梭利曾提出宇宙教育论的观点,强调将宇宙的整体面貌展现给儿童,让儿童萌发出对宇宙和对生命的感激之情。因此,蒙台梭利的科学文化教育倾向于将科学文化中的动植物学、地理学等知识作为一个整体,将看似高深莫测的知识精心设计在教具和环境中,让儿童通过多种感官自然地接触相关知识、获取经验、萌发对科学的兴趣。

二、科学文化教育的意义

科学文化教育是蒙台梭利教育五大领域中的重要组成部分,它在培养儿童对科学的兴趣以及未来学习方面起着重要作用。

(一) 培养儿童对科学的兴趣

蒙台梭利认为儿童心理有很强的吸收力。所以其教育环境优美、温馨、和谐,能充分发挥幼儿自主性;科学文化教具美观、精确、独具匠心,能增强儿童注意的稳定性;科学文化教具的操作方式蕴含丰富教育理念,能潜移默化地提升儿童的科学文化素养。因此,蒙台梭利科学文化教育能够激发儿童对科学文化的兴趣。而孩提时期培养的兴趣能推动儿童持续性地对科学文化产生兴趣,并获得较高的科学文化素养。

(二) 为儿童未来学习奠定基础

21世纪是科技主导的世纪,我们的生活、学习、工作离不开科学文化。蒙台梭利认为儿童具有巨大潜能,是未来认识世界和改造世界的主角,基础的科学文化知识是儿童成长过程中必备的科学素养之一。儿童在文化敏感期学习科学文化,一方面能够较好地开发思考、观察、动手等能力的潜能,另一方面为未来学习奠定坚实基础。

三、科学文化教育的目的

在蒙台梭利的教室里,包含着各式各样的科学文化教具,有利于儿童在操作教具的过程中了解自己生活的大环境,掌握认识周围世界的方法,继而探寻宇宙的奥秘,与世界和谐相处。

(一) 建构自我的概念

儿童在和谐、温馨的蒙台梭利教育环境中,通过发现、感知、探索等方式与工作材料互动,逐渐产生对自身生存的环境,对人、对事、对物的浓厚兴趣,获得大量科学经验、丰富自我认知、建构自我概念。

(二) 提升科学探究能力

蒙台梭利科学文化环境和教具都体现了对儿童科学探究能力的重视。大量的三段卡、嵌板等教具能引导儿童仔细观察、认真比较、谨慎分类、慎重测量、深入思考。而在此过程中调用的观察能力、思考能力、动手能力、解决问题的能力都是科学文化教育中重要的探究能力。

四、科学文化教育的原则

(一) 从简单到复杂

科学文化知识的探索遵循从简单到复杂的原则。如要对动物与植物进行分类,应先简单区分出动物与植物,在此基础上再深入探索脊椎动物和无脊椎动物、哺乳动物和卵生动物、有气味和无气味植物、有籽繁殖和无籽繁殖植物等复杂分类。因此科学文化教育是由浅入深、从简单到复杂的。

(二)从具体到抽象

儿童对于科学文化知识的学习,是从生活中的具体事物开始的。如"认识有生命和无生命的物体",儿童具体操作各种各样有生命和无生命的实物或模型,通过感官辨认分析哪些物体有生命、哪些物体没有生命,随即对有生命的物体和无生命的物体进行归类,最终掌握"有生命的物体"和"无生命的物体"的抽象概念。

(三)从已知到未知

蒙台梭利科学文化教育的内容是从儿童已有经验出发的,并以此为基础继续探索未知的科学文化知识。例如,青蛙是儿童熟悉的动物。在蒙台梭利科学文化教育中,教师在儿童已有经验的基础上,先通过青蛙身体结构三段卡帮助幼儿再认和巩固青蛙身体部位,再利用青蛙骨骼的教具认识青蛙头部、背部、前爪和后爪的骨骼等,探索未知的知识。

(四)通过感官探索引导学习

蒙台梭利认为,感官教育是科学文化教育的基础。因此,在科学文化教育中设计了丰富的卡片、三段卡、嵌板等教具,让儿童在直接感知、亲身体验和实际操作教具的过程中探索科学文化知识。

五、科学文化教育的目标

(一)动植物学的教育目标

(1)认识各种动植物,了解动植物与人和周围环境的关系。
(2)对大自然感兴趣,学会学习观察,掌握记录的方法。
(3)通过了解动植物,照顾动植物并保护动植物,从而热爱动植物,产生强烈的责任感,学习等待、耐心、爱心的美德。

(二)地理学的教育目标

(1)发展清楚的空间感、建立方位感。
(2)能够接受其他国家的风俗文化。
(3)建立自我概念,了解地质文化。

(三)天文地质学的教育目标

(1)由对生存的宇宙、世界产生爱,进而热爱生命。
(2)了解宇宙,知道一些浅显的天文知识,对天文产生兴趣。

(四)历史学的教育目标

(1)感受时间是连续不断的。
(2)感受时间是有段落、有节奏的。
(3)感受时间的改变对我们的影响。

(五) 科学实验的教育目标

(1) 了解空气,认识水的特性,认识磁铁。
(2) 掌握水、电、光、空气等常见事物和简单实验器材的使用方法。
(3) 体会科学的神秘,引发对周围物质世界的探究兴趣。

(六) 人体生理学的教育目标

(1) 认识身体部位,了解骨骼系统,知道身体各主要器官的功能。
(2) 爱护身体,认同身体健康对人的重要价值。

六、科学文化教育的准备

(一) 教师的准备

(1) 吸收、充实有关科学文化的专业知识。
(2) 培养丰富的创造力和敏锐的观察力。
(3) 不断收集研究和发现适合儿童的教具。
(4) 尊重、鼓励儿童,接纳儿童的不同意见,引导儿童创造性思考。
(5) 为儿童创设有准备的学习环境,让儿童自己动手操作,鼓励儿童从中观察、提问、思考,培养儿童积极主动的探索精神。

(二) 儿童的准备

(1) 秩序感、专注力、独立性、手眼协调能力。
(2) 丰富的语言能力。
(3) 敏锐的感官能力。
(4) 扎实的数学能力。

七、科学文化教育的内容

蒙台梭利科学文化教育的内容包含动植物学、地理学、天文地质学、历史学、物理学、科学实验、人体生理学方面的知识。

(一) 动植物学

蒙台梭利认为与大自然亲近是幼儿的天性,因此动植物学是蒙台梭利科学文化教育的重要内容。动植物学教具主要包括各种小书、三段卡、定义册、各类动植物嵌板、各部位名称配对等。具体包括:

1. 动植物的分类

(1) 有生命、无生命物体的收集与分类(动态)。
(2) 有生命、无生命物体的分类(静态)。
(3) 有生命、无生命物体卡片的分类。

2. 植物学教具：根、树、叶子、花、果实等
3. 动物学教具：昆虫类、哺乳动物类、鸟类、两栖类、鱼类、爬行类等

（二）地理学

地理学教育涉及地球表面的一切知识，如地球的运动、陆地、海洋、气候、空气等。蒙台梭利在地理学教育中，先引导幼儿从自身开始学习，如认识自身的不同方位，了解"自身的地理"，再拓展到地球的运动、陆地、海洋等知识。地理学教具主要有：世界地图嵌板、彩色地球仪、水陆地形卡等。具体包括：

（1）地球的层次。

（2）岩石的三种形态。

（3）火山的模型实验。

（4）火山形成卡片配对。

（5）沉积岩实验或砂岩制作。

（6）岩石与卡片的配对。

（7）矿物。

（三）天文地质学

天文地质学教育主要介绍人类生存的空间、居住的地球以及与宇宙之间的关系等，帮助幼儿形成科学的世界观和探索精神。天文学教具主要与九大行星、太阳系、星座、望远镜相关。地质学的教具主要包括气球的层次构造三段卡、火山爆发实验教具、沉积岩实验教具等。

1. 太阳系

（1）太阳的介绍：太阳的结构卡片配对。

（2）八大行星模型介绍（小）（大）。

（3）八大行星绕行的活动。

（4）八大行星卡片配对。

（5）八大行星三段卡。

（6）太阳系拼图。

（7）太阳系八大行星定义册。

2. 星座介绍

（1）星座的排列。

（2）星座图片配对。

（3）星座图板。

3. 月球的介绍

（1）月球的相位展示图。

（2）月球的相位卡片配对。

（3）月球的相位卡片定义册。

（4）月球的观察记录。

4. 大气、气候、台风、海啸

5. 方位的介绍

（1）东、西、南、北的介绍。

（2）东北、西北、西南、东南的介绍。

（3）物与物的关系。

6. 地球的构造

(1) 地球三要素的介绍。

(2) 水陆地球仪的介绍。

(3) 地形的介绍。

7. 地理区的分布

(1) 地球仪的介绍。

(2) 世界地图嵌板的介绍。

(3) 各大洲文物的欣赏(实物、图片)。

8. 亚洲的介绍

(1) 介绍亚洲拼图。

(2) 介绍亚洲国家。

(3) 亚洲的文物欣赏。

(4) 介绍亚洲国家的风俗。

9. 中国的介绍

(1) 介绍地形。

(2) 中国地理区介绍。

(3) 中国文物欣赏。

(四) 历史学

历史学教育的内容主要包括让儿童感受国家的风俗文化,感受人类与历史的关系,感受时间是有节奏的、连续的,从小为儿童树立正确历史观和时间观念。其中,用计时器让儿童感受时间的流逝;用时钟测量时间;用日历认识过去的日子和未来的日子;用日期印章或照片感受生命的成长、生活的延续和变化;用地球生命线感知先有地球后有人类,知道人类生命与地球生命相比十分短暂。具体包括:

1. 时间的测量

(1) 影子的实验,太阳的实验,月亮的变化。

(2) 不同方式测量时间:展示各种测量时间的工具。

(3) 学习看时间。

2. 认识日历

(1) 年、月、星期的介绍。

(2) 时间的连续性。

(3) 特别的日子。

3. 时间线

(1) 个人时间线。

(2) 家庭时间线。

(3) 国家时间线。

(4) 生命顺序。

4. 时间的流逝

(1) 每日活动。

(2) 生日庆祝会。

(3) 季节变化。

(4) 过去、现在和未来的变化。

(5) 地球时间长度的测量。

(6) 人类时间长度的测量。

5. 文学欣赏

(五) 科学实验

科学实验教育主要是让儿童了解空气、认识水的特性、认识磁铁等。在科学实验中,为儿童提供塑料袋、水、电、光、空气等常见生活用品和简单实验器材,帮助他们真正体会科学的神秘,引发对周围物质世界的探究兴趣。具体包括:

(1) 认识根的吸水性。

(2) 三原色的变化。

(3) 摩擦起电。

(4) 纸条吸水实验。

(5) 玩沙子。

(6) 水的形状与颜色。

(7) 认识火的用途。

(8) 认识空气。

(9) 认识沉浮。

(六) 人体生理学

人体生理学教育主要包括让儿童认识身体部位、了解骨骼系统、知道器官功能等。将此内容设计到科学文化教育部分,是为了让儿童意识到身体健康的重要性。具体包括:

1. "我"的认识

(1) 照镜子。

(2) 认识五官。

(3) 认识左右手、左右脚。

2. 人类的需求

(1) 人的物质需求。

(2) 人的精神需求。

3. 人种的介绍

介绍黄种人、黑种人、白种人。

任务二　实施蒙台梭利科学文化教育

案例导入

教师铺好工作毯,将一颗巨大的地球仪轻轻放在毯子的中央。幼儿被这个缩小版的"地球"吸引,纷纷围拢过来。教师开始介绍地球仪:"这是一个缩小了的'地球',我们就住在这个美丽的蓝色星球上。地球是一个球体,有两个极,分别是南极和北极。"随着教师的讲解,幼儿的眼睛里闪烁着好奇与兴奋的光芒。

接下来,教师引导幼儿在地球仪上寻找七大洲和四大洋。幼儿兴奋地指着地球仪上的各个区域,大声说出它们的名字:"亚洲、欧洲、非洲……太平洋、大西洋!"随后,教师带领幼儿来到另一组教具——大树嵌板前。这套嵌板由树干、树根、树叶、树枝等部分组成,生动地展示了大树的各个部位。教师逐一取出嵌板,引导幼儿触摸、感受并嵌入到正确的位置。幼儿一边操作一边兴奋地喊着:"这是树干!这是树叶!"

思考:案例中教师给幼儿展示地球仪属于蒙台梭利教育的什么内容?有何作用?

任务要求

能够熟练实施蒙台梭利科学文化教育中的动植物学、地理学、天文地质学、历史学、科学实验、人体实验学的内容。

一、蒙台梭利动植物学教育的实施

案例一 鸟嵌板

1. 教具构成

鸟的嵌板、鸟的图片、工作毯。(见图6-1)

2. 教具目的

直接目的:认识鸟的外形特征,观察并了解鸟的生活习性。

间接目的:培养敏锐的观察力,萌发对动物的探究欲望。

3. 年龄

3岁以上。

4. 演示

(1)教师将教具取来放在工作毯上,介绍工作名称并用三指示范,有序取出嵌入的鸟的各部位,散放在工作毯上。(见图6-2)

(2)寻找鸟嵌板的各部位:尾巴、翅膀、头部、腹部、鸟爪。用三指抓的方式将各部位的嵌板依次放在鸟的图片对应的位置上。

(3)感知鸟嵌板的各部位,放回嵌板的位置。请幼儿仔细观察全过程,请个别感兴趣的幼儿尝试操作。(见图6-3)

(4)三阶段教学法。

命名:将卡放在工作毯的上部,一一命名身体部位名称,如"尾巴、翅膀、腹部、头部、鸟爪"。

辨别:请幼儿找出鸟的各个部分,并指认。(当幼儿分别指向了正确的部位,教师应点头并确认。)

发音:请幼儿正确说出鸟的各个部位的名称。

(5)工作操作完毕,回收教具,回收工作毯。

鸟嵌板

图6-1 教具

图6-2 步骤1

图6-3 步骤3

5. 延伸操作

(1) 将嵌板放在纸上画出轮廓,然后使用彩笔涂色。

(2) 认识其他鸟及其身体结构。

(3) 制作鸟的身体部位的小书。

6. 错误控制

鸟的图片与鸟嵌板图像匹配,可进行验证。

案例二　叶嵌板

叶嵌板

1. 教具构成

叶的部位嵌板、叶的图片、工作毯。(见图6-4)

2. 教具目的

直接目的:认识并能说出叶的各部位的名称。

间接目的:锻炼手眼协调能力,萌发对植物的探究欲望。

3. 年龄

4—5岁。

4. 演示

(1) 教师介绍工作名称,取出工作,摆放在工作毯中间,从叶嵌板中用三指抓的方式取出叶身、叶脉、叶柄、托叶,散放在工作毯上。(见图6-5)

(2) 根据叶的图片仔细观察并寻找,用三指抓的方式将各部位的嵌板依次放置到图片对应的位置。

(3) 感知叶嵌板的各部位的特征,将叶的图片上的各部位嵌入原来的位置。请幼儿仔细观察全过程,请个别感兴趣的幼儿尝试操作。(见图6-6)

(4) 用手指向叶的各部位,运用三阶段教学法,进行名称介绍。

命名:教师分别指向叶的各部位,并进行介绍。

辨别:请幼儿指认叶的各个部分。(当幼儿分别指向了正确的部位,教师应点头并确认。)

发音:请幼儿正确说出叶的各个部位的名称。

(5) 工作操作完毕,回收教具,回收工作毯。

图6-4　教具

图6-5　步骤1

图6-6　步骤3

5. 延伸操作

(1) 幼儿自选工作进行练习,教师巡回指导,并做好观察记录。

(2) 引导幼儿采集一片树叶,仔细观察,并做观察记录。

6. 错误控制

叶的图片与叶嵌板图像相同,可进行验证。

二、蒙台梭利地理学教育的实施

案例一　世界地图嵌板

1. 教具构成

世界地图嵌板一个、七大洲图片、七大洲字卡。（见图6-7）

2. 教具目的

直接目的：利用世界地图，认识七大洲的名称及轮廓特征。

间接目的：锻炼观察力，逐步形成正确的时空观，萌发对外部世界的探索热情。

3. 年龄

4—5岁。

4. 演示

（1）感官展示。将世界地图嵌板放在工作毯上，请幼儿仔细观察后由教师提问，如世界地图嵌板上有几个大洲？

（2）名称介绍。取七大洲嵌板，横向摆放，进行名称介绍。同样颜色的大洲嵌板（同一个大洲）被分成了两个部分，进行名称介绍时，教师应有意识地将嵌板放在一起。

（3）三阶段教学。

命名：教师用手分别指向各个大洲，并进行介绍。

辨别：请幼儿指认出各个大洲。当幼儿分别指向了正确的大洲，教师应点头并确认。

发音：请幼儿正确说出各个大洲的名称。

（4）与七大洲的图片结合。将各大洲的图片取出，通过观察对比，将相同颜色和形状的大洲嵌板放在对应的图片上，要对齐摆放。（见图6-8）

（5）与字卡结合。将各大洲的字卡取出，放在工作毯上，带领幼儿认识字卡。然后将字卡依次摆放在各大洲的下面，并带领幼儿再次读出相关的文字。（见图6-9）

（6）回收工作教具，回收工作毯。

图6-7　教具

图6-8　步骤4

图6-9　步骤5

5. 延伸操作

（1）幼儿自选工作进行练习，教师巡回指导，并做好观察记录。

（2）收集各大洲的著名建筑和自然风景图片。

6. 错误控制

七大洲嵌卡与七大洲图片进行匹配验证。

案例二　中国地图嵌板

1. 教具构成

中国地图嵌板一个，首都北京、主要省市和自己家乡所在省市的名称字卡。（见图6-10）

2. 教具目的

直接目的：认识中国地图，认识首都及主要省市名称，了解中国的行政区划。

间接目的:锻炼观察力,为作为一名中国人和自己家乡感到自豪。

3. 年龄

5—6岁。

4. 演示

(1) 感官展示。将中国地图嵌板放在工作毯上,请幼儿仔细观察后由教师提问,如我们中国的地图像什么?

(2) 教师逐一介绍行政区划。重点请幼儿说出自己家乡所在的省份及其省会,自己生活的城市的名称。(见图6-11)

(3) 巩固记忆。通过儿歌记忆中国的34个省级行政区。(见图6-12)

儿歌:两湖两广两河山,四市四江福吉安。云贵川蒙青陕甘,新藏两宁加海南。港澳是我好河山,台归之日盼团圆。

(4) 与文字卡片结合,巩固认识首都北京及主要城市的名称。

(5) 回收教具,回收工作毯。

图6-10 教具

图6-11 步骤2

图6-12 步骤3

5. 延伸操作

(1) 幼儿自选工作进行练习,教师巡回指导,并做好观察记录。

(2) 收集中国各城市的著名建筑和自然风景的图片。

6. 错误控制

嵌板与中国地图匹配,可进行验证。

三、蒙台梭利天文地质学教育的实施

案例一 八大行星

1. 教具构成

太阳系八大行星的展示模型一套,太阳系八大行星的图卡(带文字)一套。(见图6-13)

2. 教具目的

直接目的:了解太阳系八大行星的名称,并能按正确的顺序进行排序。

间接目的:萌发对宇宙的探索热情。

3. 年龄

4—5岁。

4. 演示

(1) 教师介绍工作,展示八大行星图卡,并讲解特性。(见图6-14)

(2) 讲解八大行星模型,并将行星模型放置在对应图卡下方。(见图6-15)

(3) 三阶段教学:

命名:教师分别指向各大行星并进行介绍。

八大行星

辨别:请告诉我××(八大行星名称)在哪里?(当幼儿分别指向了正确的行星,教师应点头并确认。)

发音:教师通过各种提问让幼儿说出行星的名称,如,请告诉我最小的行星是哪个?请告诉我最大的行星是哪个?

(4) 回收教具,回收工作毯。

图6-13 教具

图6-14 步骤1

图6-15 步骤2

5. 延伸操作

(1) 幼儿自选工作进行练习,教师巡回指导,并做好观察记录。

(2) 观看有关太阳系及八大行星的纪录片。

6. 错误控制

行星体与模型底板上的嵌入位置是一一匹配的。

案例二　月相图

月相图

1. 教具构成

月相图三阶段卡片一套。(见图6-16)

2. 教具目的

直接目的:了解月相成因及月相图的名称,并能按正确的顺序进行排序。

间接目的:萌发对月球的探索热情。

3. 年龄

5—6岁。

4. 演示

(1) 月相成因介绍。教师进行月亮发光、形状等方面的成因介绍。

(2) 取图片文字卡,做名称介绍,将月相图的图字卡按顺序排列整齐。"新月、残月、下弦月、右凸月、满月、左凸月、上弦月、蛾眉月。"

(3) 进行图卡配对。正确的图卡摆在月相图下侧,点头确认。最终将所有的图卡都配对好,前后和上下都要排列整齐。(图6-17)

(4) 进行字卡配对。依次取出每一张字卡,与图卡配对。(图6-18)

(5) 三阶段教学法。

命名:教师分别指向月相图的各个部分并做介绍,清晰准确说出名称。

辨别:教师提出问题,请幼儿指认各月相图的名称。(当幼儿分别指向了正确的,教师应点头并确认。)

发音:请幼儿正确说出各月相图的名称。

(6) 回收教具,回收工作毯。

图6-16 教具

图6-17 步骤3

图6-18 步骤4

5. 延伸操作

(1) 幼儿自选工作进行练习,教师巡回指导,并做好观察记录。

(2) 观察月相并做观察记录。

6. 错误控制

图片文字卡上的图片与单独的月相图是完全匹配的。

四、蒙台梭利历史学教育的实施

案例　活动时钟

1. 教具构成

活动时钟(红色数字嵌板1—12点、蓝色数字嵌板13—24点),小闹钟一个。(见图6-19)

2. 教具目的

直接目的:认识时钟,知道时钟表盘上的指针与数字的意义。

间接目的:萌发对时钟和时间的兴趣和探索热情。

3. 年龄

4—5岁。

4. 演示

(1) 感官展示。将活动时钟放在工作毯中间,表盘面向幼儿,教师介绍表盘。(见图6-20)

(2) 运用三阶段教学法,进行名称介绍。

命名:教师分别指向表盘上的数字、时针、分针并进行介绍。

辨别:教师结合教具提出问题,请幼儿指认表盘上的数字、时针、分针。(当幼儿分别指向了正确的,教师应点头并确认。)

发音:正确说出表盘上的数字、时针、分针的名称。

(3) 探索指针之间的关系。教师匀速旋转小闹钟后面的指针旋钮,请幼儿观察指针的转动情况(见图6-21)。

教师总结:时针和分针都向着一个方向转;时针比较短,转动比较慢;分针比较长,转动比较快;分针每转一圈,时针向前走一格(1个数字)。

(4) 巩固认识。教师多次操作,帮幼儿掌握指针转动的规律。幼儿尝试操作,感知指针转动的规律。

(5) 回收教具,回收工作毯。

图6-19　教具

图6-20　步骤1

图6-21　步骤3

5. 延伸操作

(1) 幼儿自选工作进行练习,教师巡回指导,并做好观察记录。

(2) 与美术结合,教师请幼儿画一个钟表的表盘,要求必须包含时针、分针、表盘数字等重要元素。

6. 错误控制

活动时钟上数字的排列可参考闹钟。

五、蒙台梭利科学实验教育的实施

案例　宇宙三态

1. 教具构成

固态、液态、气态的展示模型各一个,固态、液态、气态的文字卡片。(见图6-22)

2. 教具目的

直接目的:观察了解宇宙中物质的三种存在形态,近距离感知三种形态的特点。

间接目的:培养敏锐的观察力,萌发探索热情。

3. 年龄

3—4岁。

4. 演示

(1) 感官展示。将第一个模型(透明玻璃杯,内装一石块)摆放在工作毯上,请幼儿仔细观察。(见图6-23)

教师总结:这个石块是固体,它以固态的方式存在。固态通常就是看得见、摸得着,有一定的形状,一般很稳定,不会发生太大的变化。

将第二个模型(透明玻璃杯,内装半杯水)摆放在工作毯上,请幼儿仔细观察。

教师总结:水是液体,它以液态的方式存在。液态通常看得见、摸得着,没有固定的形态,不够稳定,容易流动。

将第三个展示模型(透明玻璃杯,内空,但有香水的气味)摆放在工作毯上,请仔细观察。

教师总结:这里面的是气体,以气态的方式存在。气态通常看不见、摸不着,没有固定的形状,不够稳定,但它是真实存在的,就像你们看不见它们,但是却闻到了味道。

(2) 利用三阶段教学法,介绍名称。

命名:教师分别指向固态、液态、气态进行介绍。(见图6-24)

辨别:教师结合教具进行提问,请幼儿指认固态、液态、气态。(当幼儿分别指向了正确的,教师应点头并确认。)

发音:请幼儿正确说出固态、液态、气态。

(3) 与文字结合。教师出示固态、液态、气态的字卡,与模型进行配对,前后和上下都要排列整齐。

(4) 与生活结合。请幼儿找出教室里还有哪些东西是固态的,哪些东西是液态的,哪些东西是气态的。

(5) 回收教具,回收工作毯。

图6-22　教具

图6-23　步骤1

图6-24　步骤2

5. 延伸操作

(1) 幼儿自选工作进行练习,教师巡回指导,并做好观察记录。

(2) 与生活结合,教师请幼儿在家里找到固态、液态、气态的物品。

6. 错误控制

固态、气态、液态可用视觉进行辨认。

六、蒙台梭利人体实验学教育的实施

案例　成长线

1. 教具构成

男孩及女孩的成长线图卡,婴儿、幼儿、少年、青年、中年、老年字卡一套。(见图6-25)

2. 教具目的

直接目的:了解男孩和女孩长大的过程,知道每个阶段的名称。

间接目的:初步感知人的成长过程,萌生对生命的敬畏之心。

3. 年龄

4—5岁。

4. 演示

(1) 感官展示。将男孩、女孩的成长线图卡按顺序逐一取出,分别由左至右排列整齐,引导幼儿仔细观察。

教师总结:无论男孩还是女孩,成长过程都会经历五个重要的阶段。

(2) 采用三阶段教学法,介绍成长阶段名称。(见图6-26)

命名:教师分别指向婴儿期、幼儿期、少年期、青年期、老年期图片进行介绍。

辨别:教师根据教具提问,请幼儿指认婴儿期、幼儿期、少年期、青年期、中年期、老年期的图卡。(当幼儿分别指向了正确的,教师应点头并确认。)

发音:请幼儿正确说出婴儿期的名称、幼儿期的名称、少年期的名称、青年期的名称、中年期的名称、老年期的名称。

(3) 与文字结合。将婴儿、幼儿、少年、青年、中年、老年的字卡,依次放在图片下面的相关位置,教师带领幼儿读出相关的文字。(见图6-27)

(4) 介绍成长阶段特征或任务。教师启发幼儿,讨论和分享每个成长阶段的特征,如婴儿必须由大人照顾,幼儿就可以开始学习自己照顾自己,等等。

(5) 回收教具,回收工作毯。

图6-25　教具

图6-26　步骤2

图6-27　步骤3

5. 延伸操作

(1) 幼儿自选工作进行练习,教师巡回指导,并做好观察记录。

(2) 收集自己从出生到现在的照片,绘制自己的成长线。

6. 错误控制

成长线图卡上不同年龄阶段的人物具有典型特征,幼儿可用视觉辨认。

 实践训练

一、技能实训

项目：科学文化教育活动设计与演示。

要求：

1. 以小组为单位，每组选择一个嵌板，学生扮演教师轮流进行实践练习。
2. 小组成员一人扮演教师，其余充当学生，组织一节科学文化教育活动，并录制视频。

二、思考练习

1. 请谈一谈蒙台梭利科学文化教育的意义。
2. 请简述蒙台梭利科学文化教育的内容。
3. 熟练操作各类嵌板教具，在此基础上可探索自制教具的制作方法或针对已有的教具提出改进的建议。

模块七　蒙台梭利教学法在特殊教育和家庭教育中的应用

> **模块导读**

特殊教育和家庭教育在蒙台梭利教学法中都有重要的地位,蒙台梭利教育关注特殊教育群体尤其是智力障碍儿童的学习与发展,为智力障碍儿童提供更加个性化、针对性的教育支持,促进他们的发展。并且蒙台梭利教育同样强调家庭教育的配合,幼儿园应与家庭密切合作,获得家长的理解和支持,教育效果才会更加显著。

该模块的内容包括蒙台梭利特殊教育和家庭教育的相关理论,我国蒙台梭利特殊教育现状以及蒙台梭利教学法在家庭教育中的实施。该模块要求学习者了解并实践蒙台梭利特殊教育和家庭教育的内容。

> **学习目标**

1. 认知目标:了解蒙台梭利特殊教育和家庭教育思想的内容。
2. 技能目标:掌握当前蒙台梭利特殊教育发展动态,熟悉蒙台梭利教学法在家庭教育中的运用。
3. 情感态度、价值观目标:树立自我反思和持续学习的意识,以适应教育领域的不断变化和挑战。

> **思政寄语**

教育部等部门在《"十四五"特殊教育发展提升行动计划》中提出大力发展非义务教育阶段特殊教育,积极发展学前特殊教育,推进融合教育,全面提高特殊教育质量,加强普通教育与特殊教育融合,加快健全特殊教育体系。了解蒙台梭利的特殊教育理念,掌握教育治疗方法,有利于推进融合教育发展,提升学前教育专业学生综合素质。

2021年《家庭教育促进法》中提出中小学校、幼儿园应当将家庭教育指导服务纳入工作计划,作为教师业务培训的内容。了解家庭教育相关理论、熟悉蒙台梭利教学法在家庭教育中的运用,有利于推动家庭教育的社会协同工作,贯彻我国家庭教育工作计划的国家意志。

任务一　了解蒙台梭利教学法在特殊教育中的应用

案例导入

豆丁是一位特殊儿童,身体及智力发育比较迟缓,豆丁的父母经过查询,得知蒙台梭利教育对特殊儿童发展比较友好,因此将豆丁送至蒙台梭利幼儿园。经过一年的蒙台梭利特殊教育实施,豆丁在多个方面取得了显著的进步。

思考: 蒙台梭利教育对特殊儿童发展比较友好体现在哪些方面?

任务要求

1. 了解智力障碍的概念。
2. 掌握智力障碍儿童的特征以及蒙台梭利对智力障碍教育的研究。
3. 掌握我国蒙台梭利特殊教育的现状以及应用。

一、蒙台梭利关于智力障碍儿童的教育概述

《指南》指出:"要充分理解和尊重幼儿发展进程中的个别差异,支持和引导他们从原有水平向更高水平发展,按照自身的速度和方式到达《指南》所呈现的发展'阶梯',切忌用一把'尺子'衡量所有幼儿。"智力障碍儿童在成长中往往面临更多的学习和发展挑战。蒙台梭利主张为智力障碍儿童提供更加个性化、有针对性的教育支持,促进他们的全面发展,与《指南》的要求高度契合。

(一)智力障碍的概念

美国智力障碍协会(AAMR)在2002年曾对"智力障碍"的概念给出解释:"对人类智力活动和适应活动领域具有实质性影响的一种功能障碍,主要体现在对认知、社会和实践活动的适应能力领域,障碍通常出现在十八岁之前。"另外,根据《中国残疾人评定实用标准》,我国将智力残疾定义如下:智力残疾是指人的智力明显低于一般人的水平,并显示适应行为障碍。智力残疾包括在智力发育期间,由于各种原因导致的智力低下;智力发育成熟以后,由于各种原因引起的智力损伤和老年期的智力明显衰退导致的痴呆。蒙台梭利也曾对"障碍"一词作过解释,她认为,一个心理出现问题的儿童往往难以掌控自己的情绪,也无法完全释放其智力潜能。这种心理脆弱性不仅体现在其智力受到一定程度的抑制,同时他们的思维容易陷入虚幻的境地,缺乏自信,倾向于退缩到自己的世界中,从而在一定程度上阻碍了智力的正常发展。①

---

① [意]玛利亚·蒙台梭利. 童年的秘密[M]. 单中惠,译. 北京:京华出版社,2002.

(二) 智力障碍儿童的特征

智力障碍儿童在身心发展上是特殊的。一方面,他们和普通儿童一样,遵循儿童发展的基本轨迹和原则,但由于起步和进展都较慢,同时不同儿童之间存在差异,因此智力障碍儿童的发展往往存在发展层次较低、差异性显著等特点。[①]

1. 智力障碍儿童的认知特点

认知代表了个人理解和对外部环境作出反应的能力,包括感觉知觉、记忆能力、注意力、思维过程和想象,这是我们心理活动的最基本部分。对于智力障碍儿童来说,他们的认知能力发展得相对较慢,这导致他们在以下方面经常遇到困难:在感知觉方面,与普通儿童相比,智力障碍儿童在事物感知上普遍存在不准确、不全面的特点,例如,只能感知事物的形状而无法感知颜色等;在记忆力方面,也普遍存在着记忆缓慢、容易遗忘等特点。在注意力方面,智力障碍儿童的注意力主要为无意识注意,这也导致他们专注力差,容易走神。例如,在游戏活动中,他们很容易被外在事物干扰,远处的车鸣声、虫鸣声等都会让他们分心。在思维发展方面,智力障碍儿童的思维也与普通儿童有所不同,由于他们的思维主要是具体化思维,因此很难理解事物的本质,思维也缺乏灵活性,无法将已有经验运用到新的场景或问题中。

2. 智力障碍儿童的运动发展特点

运动的产生是由大脑发出信号并传递给身体各部位,因此大脑功能在其中起着关键性作用,脑功能障碍也会导致运动功能的障碍。智力障碍儿童普遍存在运动技能相对较差和较慢的特点。例如,在大肌肉运动上,智力障碍儿童的身体协调力、运动速度与灵活性相较于普通儿童都更差。小肌肉运动上也存在着手眼协调能力差,精细动作无法完成的情况。

3. 智力障碍儿童的情绪特点

情绪是人们对客观事物产生的一系列主观认知体验和反应,包括态度及相应的行为反应。智力障碍儿童由于经历、环境、身心差异等原因,他们的情绪与普通儿童相比存在一定缺陷。首先,智力障碍儿童的情绪稳定性和控制力差。智力障碍儿童的情绪表达往往很直接,以自我为中心,因此存在易怒、易冲动的特点。其次,他们对自我情绪的调节能力也较差,当需求未得到满足时,往往会情绪激动,难以控制。再次,智力障碍儿童的情绪表达和理解能力较差。由于认知发展的缺陷,智力障碍儿童容易混淆自己和他人的情绪,容易受身边人情绪的影响,无法理解自己和他人的情绪,这也会导致他越来越孤独,无法融入身边环境。

4. 智力障碍儿童的性格特点

在心理学上,性格被定义为:与他人所不同的,在不同场景之下所显现出来的相对稳定的心理特征,这种特征包括外显性和内隐性两方面的行为模式。对于智力障碍儿童来说,由于他们的社会经验不足、对事物的认知不清楚等,性格的形成普遍存在一定缺陷。首先,智力障碍儿童的主动性较差,遇到问题容易放弃,无法坚持,需要成人的引导与鼓励。其次,智力障碍儿童性格内敛,缺乏自信,容易沮丧和退缩,自主性差。再次,智力障碍儿童兴趣发展缓慢,通常对外显性强的事物感兴趣,如鲜艳的颜色、特别的形状等。

(三) 蒙台梭利对于智力障碍儿童教育的研究

1896 年,蒙台梭利开始了她的智力障碍儿童教育实践,当时她在罗马大学医学院承担低能儿童的治疗工作。在医学院,智力障碍儿童是和精神病患者关在一处的,他们的一系列低能症状和反应都被认为是一种精神疾病,因此,这些儿童没有玩具,无法获得成长所需的各种材料。在工作过程中,蒙台梭利发现一些低能儿童在房间内四处爬行和探索,像是在寻找什么。一开始,蒙台梭利以为是他们没

[①] 韩麦娇. 基于感觉统合训练原理的智力障碍儿童玩教具设计研究[D]. 山东工艺美术学院,2024.

有吃饱,后来她发现即使刚刚吃过饭,这些儿童也会有上述行为。这引起了蒙台梭利极大的兴趣,同时她意识到仅仅用医疗手段并不能解决智力障碍儿童的问题,甚至会加快他们智力下降的速度。蒙台梭利发现,人们往往更多关注智力障碍儿童的生理需要,而忽视了他们的心理需求。因此,为找到适合智力障碍儿童的教育方法,蒙台梭利开始了一系列研究并获得了突出成绩。1898年,在都灵举行的全球精神医学会议上,蒙台梭利提交了关于加强对智力障碍儿童心理治疗的提案。同年9月,她又在国际教育大会中进行了题为《精神教育》的演说,蒙台梭利始终认为:"儿童心理问题的根源以及精神疾病的诱因深植于教育之中,而非单纯的医疗范畴所能涵盖。"①

1. 伊塔和塞根的影响

蒙台梭利的教育思想最初受到法国特殊儿童教育先驱琼·伊塔与爱德华·塞根的影响。在研究伊塔和塞根的教育理念时,蒙台梭利发现他们的教学方法真正地改善了特殊儿童的状况,使儿童得到了真正的良好教育。她在著述中提到伊塔和塞根"并非仅停留在对这些特殊儿童的研究或治疗层面,而是从根本上改变了他们,使他们能够像普通人一样,融入社会、从事有意义的工作。"例如,为了帮助听障儿童重获听觉感知,塞根深入研究了这些儿童的生理和心理状态,他采用了一种感觉训练法。这种方法旨在首先帮助儿童建立起对事物的具体认知,进而引导他们从具体思维逐步过渡到抽象思维,通过逐步内化的过程,最终塑造出稳定的道德品格。②蒙台梭利深受伊塔和塞根教育思想的启发,也进一步确定了自己的研究方向。她坚信,对于心理存在缺陷的儿童,只要通过适当的身体运动训练和感知觉训练活动,他们的身心发展便能够逐步得到提升,甚至达到智力正常的水平。

2. 教育治疗

教育治疗就是要求教师要担当起教师与医生双重角色,蒙台梭利首次将教育与医学联系在一起。她提出的特殊教育观与自身从事的工作有关,在医生生涯和教育活动中,她发现学前儿童存在心理障碍的原因不仅仅是遗传、环境等因素造成的,更与所受到的教育有关,儿童的心灵是在教育中逐渐发展与成熟的。所以,在儿童的成长阶段,以教育为核心的治疗是非常有效的手段,在这个过程中,教师和家长都要成为儿童的引导者,锻炼儿童的自主能力,关心儿童的心灵世界,帮助儿童成长。蒙台梭利认为,面对智力障碍儿童时,教育训练往往比医疗手段更有效,要关注这些特殊儿童的心理需求,满足他们的精神需要,从而达到早期预防、治疗和教育的效果。

蒙台梭利关于智力障碍儿童教育的主要理念为③:

1. 儿童是教育的中心,要促进智力障碍儿童的自发性教育

这一原则强调儿童的主观能动性,教育者首要任务是深入了解并尊重每一位儿童,通过理解他们的视角和需求,设计出符合儿童特点的活动,并据此展开教学,从而确保教育过程真正以儿童为中心,促进儿童的自主、持续性发展。

2. 提供丰富多元的教具和有准备的环境

蒙台梭利教具是一套蕴含丰富教育价值的学具,这套教具是审美与科学的结合体。因此,在帮助智力障碍儿童成长时,教育者可以合理运用蒙台梭利教具,为儿童提供更多选择。同时,由于智力障碍儿童注意力无法长时集中等原因,环境对其的影响比对普通儿童更大。因此,教师为其创设环境时要注意灵活性、完整性等,鼓励自主探索,提高智力障碍儿童的环境适应能力。

3. 把握儿童的敏感期,关注智力障碍儿童的个别教育

对于智力障碍儿童来说,敏感期的差异比正常儿童更明显,往往同一年龄段的儿童会表现出对截然不同的事物的喜爱。因此,教育工作者要根据不同儿童进行有针对性的指导与帮助。

---

① [意]玛利亚·蒙台梭利. 蒙台梭利幼儿教育科学方法[M]. 任代文,主译校. 北京:人民教育出版社,2001.
② 卢乐山. 蒙台梭利的幼儿教育[M]. 北京:北京师范大学出版社,1985.
③ 刘迎杰. 蒙台梭利教学法[M]. 2版. 北京:高等教育出版社,2019.

4. 保障智力障碍儿童的自由与独立，促进正常化发展

对于智力障碍儿童来说，首先要保障生活上的独立，独自坐、立、行是他们适应生活的标志，也是迈向自由的开始。同时，在这一过程中，智力障碍儿童的心理也会逐渐发展，从初步地适应社会到产生内部动机。教育者需要关注智力障碍儿童的身体、心理双方面的发展，培养其独立性。蒙台梭利认为，正常化是指身心和谐发展，而这个过程需要通过"工作"。智力障碍儿童由于身心障碍，经常处于非正常化的状态，因此，教育者要为这些儿童提供有准备的适宜的环境，同时培养他们的独立性，帮助他们向正常化发展。

蒙台梭利对于智力障碍儿童教育的主要方法为[①]：

1. 肌肉运动训练

如做操、跑跳等能够改善智力障碍儿童的肌肉运动技能，合理地安排肌肉运动训练，既能起到治疗的作用，又能实现教育的目的。另外，除大肌肉运动之外，小肌肉运动也至关重要。这些也体现在蒙台梭利的日常生活教育和感官教育中。

2. 感觉训练

感觉训练即对智力障碍儿童进行视、听、味、嗅、触等感官机能的训练。在蒙台梭利的教育治疗体系中，智力障碍儿童感觉机能的改善最明显。对于智力障碍儿童来说，感觉训练是智力学习的"桥梁"，也是智力障碍儿童教育治疗中最重要的方法之一。

3. 语言训练

由于智力障碍儿童存在语词障碍，因此蒙台梭利致力于探索促进智力障碍儿童语言形成的方法并帮助其进行训练。一般情况下，语言训练是基于经验的，因此，在智力障碍儿童的语言训练中，教师往往会引导儿童感觉并认识直观的事物，赋予其名称，从而达到语言概念化的目的。

4. 提供安全的心理环境

除了基本的肌肉运动训练、感觉训练、语言训练外，蒙台梭利教育治疗还有一个非常重要的内容，那就是为智力障碍儿童提供安全的心理环境。智力障碍儿童相较于普通儿童注意力更难集中，身心发展处于非正常化的状态，因此他们需要更加充分和有准备的环境，这自然也包括安全的心理环境。在教育工作中，教师要让智力障碍儿童感觉到现在的环境是熟悉的、安全的，只有在适宜的环境中，智力障碍儿童的身心才能得到更好的治疗与发展。

二、我国蒙台梭利特殊教育的现状与发展趋势

（一）我国特殊教育现状概述

《中华人民共和国义务教育法实施细则》规定："适龄儿童、少年接受义务教育的入学年龄和年限，以及因缓学或者其他特殊情况需延长的在校年龄，由省级人民政府依照义务教育法的规定和本地区实际情况确定。盲、聋哑、弱智儿童和少年接受义务教育的入学年龄和在校年龄可适当放宽。"[②]2017年，国务院常务会议修订通过了《残疾人教育条例（修订草案）》，其中的第十二条规定："各级人民政府应当依法履行职责，保障适龄残疾儿童、少年接受义务教育的权利。"[③]在这样的政策背景下，我国特殊儿童的受教育权得到了更好的保障，适龄儿童入学率也大幅提高。当前，我国特殊教育主要有以下三个发展趋势与方向。

第一，融合教育和全纳教育。全纳教育是指每一位儿童都应该公平地接受教育，学校、教师都要用

---

① 刘迎杰. 蒙台梭利教学法[M]. 2版. 北京：高等教育出版社，2019.
② 中华人民共和国教育部. 中华人民共和国义务教育法实施细则. 中华人民共和国国家教育委员令第19号[EB/OL]. (1992-03-14).
③ 国务院常务会议. 残疾人教育条例. 中华人民共和国国务院令第674号[EB/OL]. (2017-01-11).

平等的眼光看待每一位儿童,不歧视特殊儿童,而要给他们更多关爱与帮助。全纳教育的理念强调公平与平等,这更有利于保障残疾儿童的受教育权利。当前,我国实践全纳教育和融合教育的方式主要是随班就读,即特殊儿童送到普通学校或幼儿园中就读。这种全纳教育的观念有利于提高我国教育质量和人口素质,是全纳教育和融合教育的初步体现。同时,特职融合教育也在不断发展。"特职融合教育"指将职业技术教育融入特殊教育,在原有特殊教育基础上强化职业技术技能培养的一种新型教育模式。2021年教育部等七部门印发《"十四五"特殊教育发展提升行动计划》,明确指出"推动职业教育和特殊教育融合"①,指明了特殊学校与职业院校是紧密相连、相辅相成的"生命共同体",这为界定"特职融合"育人基本内涵提供了有力的政策依据。同时,随着特殊教育改革的发展,"特职融合"将成为其中的关键一环,为特殊儿童的成长和发展提供重要支撑。

第二,特殊教育师资的完善。特殊教育教师专业发展是建设高质量特殊教育体系的关键保障之一②。特殊教育师资水平是特殊教育发展和专业化建设的核心,因此师资的培养和教师综合素养的提升是特殊教育事业发展中的重要环节。首先,要加强特殊教育教师的岗前培训,协调教师的综合发展,为专业化教师队伍的扩大开拓良性循环平台。其次,要完善特殊教育教师的专业人才培养方案,完善当前《特殊教育教师专业标准(试行)》的标准,培养综合型和复合型人才。特殊教育师资的培养需要将普通教育理论与实践经验和特殊教育所需要的康复理论、管理理论等相结合,将现代信息技术手段与教育技术相结合,将教育理论与康复实践经验相结合。③

第三,特殊教育课程建设。首先,聚焦普惠性建设,健全完善的特殊学生入学和档案建立机制,保障适龄特殊儿童的入园率和受教育程度,给特殊儿童更多入学机会。其次,加强生态环境教育的实践。生态环境教育是指以学校的生态环境为基础,结合本校学生的身心特点,帮助学生正确理解人与自然、人与环境之间的关系,提高学生环境保护能力的一种实践教育活动。在生态环境教育实践中,学校要注重校园物质文化和精神文化环境的创设与丰富,让学生在环境中亲近自然、了解生命。再次,要开发具有校本特色并符合儿童发展的实践探究活动,将课程游戏化和生活化,一方面促进特殊儿童的适应性发展,另一方面以真实的生活环境为依据,让儿童了解环境、适应环境甚至改变环境。对于特殊儿童而言,游戏仍然是他们的天性与本能,利用游戏帮助特殊儿童进行感官训练、促进其适应性发展和社会性发展是非常有效的手段。

(二)蒙台梭利教育治疗理念在我国特殊教育中的应用

教育治疗是蒙台梭利早期的教育理念,这是其在研究居住在精神病院里的智力障碍儿童的过程中提出的。蒙台梭利认为,智力障碍儿童的缺陷是由环境、教育、遗传等多方面因素所造成的④。蒙台梭利曾多次强调这一观点,她始终认为儿童的心理缺陷主要是教育问题,而不仅仅是医学问题,强调教育训练的重要性。这一观点引起了巨大反响,蒙台梭利的教育治疗理念也在此基础上诞生。蒙台梭利教育治疗的核心理念便是注重缺陷儿童的教育问题,将教育与医学相结合,教育训练与医学治疗相结合,要求教师承担教育与治疗的双重责任,关注缺陷儿童的心理需要,帮助其构建精神世界,发挥儿童的主观能动性,达到早期预防、治疗与教育的多重效果。

随着国内研究者对蒙台梭利特殊教育的研究逐渐深入,蒙台梭利特殊教育方法,尤其是教育治疗的理念在我国的应用更为广泛,蒙台梭利教具在特殊教育学校也越来越受欢迎。但特殊教育领域的蒙台梭利教育研究仍处于起步阶段,存在着理论研究不足、教育理念不系统且缺乏实际应用等问题。

---

① 中华人民共和国教育部,等."十四五"特殊教育发展提升行动计划[EB/OL].(2022-01-25).
② 陈如平,安雪慧,张琨.构建优质均等的基本公共特殊教育服务体系[J].中国特殊教育,2022(05):3—10.
③ 刘永萍.特殊教育专业复合应用型人才培养模式的探索与实践——以豫章师范学院特殊教育专业"4+X+1"模式为例[J].现代特殊教育,2019(16):14—18.
④ 郑瑞霞,吴岩,常小莉.浅谈蒙台梭利的学前特殊教育观——"教育治疗"[J].丝绸之路,2012(6):115—116.

随着特殊教育改革的发展，蒙台梭利特殊教育也迎来了新的发展契机。关于蒙台梭利教育治疗理念的应用，首先，要注重特色课程的开设。要有意识地引导儿童去探索和发现周围的世界，以满足他们天然的好奇心。通过组织丰富多样的社会实践活动，教师可以带领儿童走出室内，到户外进行活动，如参观公园、博物馆等社会场所，丰富儿童的见识，帮助特殊儿童进行社会适应性训练。特色课程以丰富的活动为载体，帮助儿童开阔视野、增长经验。其次，要尊重儿童天性，注重多重感官学习。与普通儿童一样，特殊儿童也喜爱游戏，有自己的精神和心理需求。因此，在日常教学中，教师要仔细观察并了解他们的需求，并通过环境创设的方式鼓励儿童进行不同的探索与尝试，尤其是通过感官训练，综合运用蒙台梭利感觉训练的教具，充分调动儿童眼、耳、鼻、手等多种感官。再次，要挖掘儿童的内在潜能，满足其个性发展。教师要善于发现儿童身上的闪光点，开展有针对性的个性化教学：对喜爱绘画的儿童，教师可以提供多种绘画材料和工具，给儿童更多尝试机会；对喜爱音乐的儿童，教师可以选择多种音乐表达形式，培养儿童的音乐感知能力和视听觉能力；对喜爱运动、精力旺盛的儿童，教师可以组织丰富有趣的户外游戏和运动，帮助儿童进行户外世界的探索。①

实践训练

一、技能实训

项目一：为智力障碍儿童选择合适的蒙台梭利教具。（女孩，5岁，思维发展迟缓，对学习图形不感兴趣。）

要求：

1. 分析智力障碍儿童的特征并提出教育建议。
2. 选择合适的蒙台梭利教具并进行阐述。

项目二：为4岁智力障碍儿童设计一个锻炼手眼协调能力的工作。

要求：

1. 选择合适的材料或蒙台梭利教具。
2. 两手协作完成。
3. 工作具有趣味性，能激发儿童自主工作的兴趣。

二、思考练习

1. 请总结蒙台梭利关于智力障碍儿童教育的主要理念。
2. 请说一说蒙台梭利对于智力障碍儿童教育的主要方法。

任务二　了解蒙台梭利教育在家庭教育中的应用

案例导入

小草莓是一个2岁半的孩子，正处于感官发展的敏感期。她的父母决定在家中引入蒙台梭利教育

---

① 方丽琨.蒙台梭利"教育治疗"理念在视障儿童学前特殊教育中应用的案例分析[J].教育观察，2021，10(28)：111—113.

法,通过一系列感官训练活动,帮助小草莓更好地发展视觉、听觉、触觉、味觉和嗅觉等感官能力。

思考: 蒙台梭利教学法在家庭中是如何运用的?

任务要求

1. 了解家庭教育的概念、特点、价值。
2. 掌握蒙台梭利教学法在家庭中的实施。

一、家庭教育概述

《纲要》强调"幼儿园应与家庭、社区密切合作",《指南》指出"家庭、幼儿园和社会应共同努力,为幼儿创设温暖、关爱、平等的家庭和集体生活氛围",可见,家庭教育是学前教育的重要组成部分。

(一) 家庭教育的定义

家庭教育有广义和狭义之分,广义的家庭教育意为家庭成员之间的相互教育,[①]指向家庭成员间的互动关系,强调父母与子女的双向沟通、相互影响。狭义的家庭教育则指由父母或其他年长者对年幼子女进行道德品质、身体素质、生活技能、文化修养、行为习惯等方面的教育和施加的影响。[②]

(二) 家庭教育的目的

家庭教育的目的是家庭教育活动的出发点与归宿。家庭教育能够促进儿童全面发展,培养儿童的社会适应能力,传承文化和价值观,塑造儿童独立人格。《中华人民共和国家庭教育促进法》明确提出:"家庭教育以立德树人为根本任务,培育和践行社会主义核心价值观,弘扬中华民族优秀传统文化、革命文化、社会主义先进文化,促进未成年人健康成长。"[③]

(三) 家庭教育的特点

1. 启蒙性

家庭是人生的"第一站",新生命自诞生后,最先接触和受影响最大的教育环境就是家庭,家庭是个体接受教育的起点,家长要担负起家庭教育的首要责任,在儿童早期进行基本知识、技能、品德、思想观念等方面初步的、基础的引导与启发,帮助儿童逐步实现从"自然人"转化为"社会人"的过程。

2. 情感性

家长与儿童的关系以血缘亲情为纽带,这一情感关系渗透于家庭教育的各个方面。家长对儿童的爱、关心、期望等情感投入,让儿童感受到家庭的温暖、安全,从而对家长产生情感依赖和信任,更容易接受家长对他们的教育和引导,对于构建良好而亲密的亲子关系具有重要意义。并且家庭中的相互尊重、相互理解的和谐关系对于儿童自身的情感发展、个性形成以及价值观的建立产生深远的影响。

3. 持久性

儿童3岁以前绝大多数的活动都在家庭场域中发生,入学以后仍旧有大部分时间在家庭中度过,

[①] 顾明远. 教育大词典[M]. 上海:上海教育出版社,1990.
[②] 赵忠心. 家庭教育学[M]. 北京:人民教育出版社,1994.
[③] 全国人民代表大会常务委员会第三十一次会议. 中华人民共和国家庭教育促进法[EB/OL]. (2021-10-23).

因此家教育对儿童产生了持久的影响,儿童所养成的生活习惯、爱好特长、人生态度、思考方式与家庭教育潜移默化的长期影响息息相关。

4. 针对性

正所谓"知子莫如父",家长与儿童朝夕相处,儿童的性格特征、行为方式在家庭中暴露无遗,因而有心观察儿童的家长能够根据儿童性格与行为特征、优势与不足等方面的情况对家庭教育内容与方式做出有针对性的选择与调整,从而做到"因材施教"。

5. 灵活性

家庭教育没有固定的程序,不像学校教育有固定的教学计划、教育内容和教学方式。一方面,家长如何进行家庭教育往往受到家长教育意识、知识观、儿童观、教育观等多种因素的影响。另一方面,家长随时随地都可以展开家庭教育,家庭生活的各个方面都能成为家庭教育的内容与途径,因而家庭场域的复杂性也决定了家庭教育的随机性与灵活性,家长需要拥有足够的教育智慧才能准确地把握教育时机。

(四)家庭教育的价值

家庭是社会生产力发展到一定阶段的产物,是社会的最小单位。家庭和家庭教育不仅对儿童的个体发展有特殊的价值,同时也对社会发展有重要的价值。

1. 家庭教育对儿童成长的价值

(1)保障儿童身体机能的健康发展。

家庭教育保障儿童身体机能的健康发展可体现在三个方面。首先是在对胎儿的保健和教养上,孕妇在怀孕期间极力避免对人体有害的因素,保证饮食起居的科学、健康,可以控制不健康胚胎的产生。已有研究表明,孕期进行胎教可以刺激胎儿的感觉器官,促进胎儿神经系统的发育。[1] 其次,在家庭膳食质量上,儿童的养育是家庭教育的重要功能,合理的膳食营养摄入是决定人口健康的基本因素。儿童时期形成的饮食行为不仅可以影响儿童的健康,还会影响成年后乃至一生的健康。[2] 父母为儿童提供高质量的家庭膳食,不仅保证了儿童身体的健康生长,也有益于其养成健康饮食的好习惯。再次,在家庭体育运动的开展上,父母对儿童运动的态度、自身的运动行为、对屏幕使用的控制以及陪伴行为都是影响儿童身心健康发展的关键因素。

(2)促进儿童多元智能的开发。

智力作为个体重要的个性心理特征贯穿于个体心理发展的始终。美国心理学家加德纳(Gardner)提出多元智能理论,主张人们应从言语智能、逻辑数学智能、空间智能等八个方面看待个体的发展,打破传统比奈-西蒙智力测量侧重数理逻辑的局限性。个体的智力发展受父母教养方式的影响,学前儿童的多元智能又恰好处在发展的关键期,因而父母对学前儿童多元智能的开发有着至关重要的作用。据调查,儿童的语言智能、逻辑数学智能、人际关系智能等方面与权威型父母教养方式之间呈正相关关系,[3]权威型父母比溺爱型、专制型父母更有利于儿童多元智能的发展。

(3)有利于儿童的社会化发展。

家庭教育帮助儿童从"自然人"顺利地过渡到"社会人",儿童自呱呱坠地起就向着社会生活迈进。陈鹤琴在其所著的《家庭教育》一书中指出"不但对于动作言语,小孩子在这个时候很容易学会的,就是对于各种常识也是容易吸收的,各种美感美德也是容易养成的。"[4]家庭教育通过儿童与其家庭成员间

---

[1] 苏冬辉.胎教对新生儿神经行为的影响[J].中国妇幼保健,2010,25(21):2985—2986.
[2] 闫瑞霞,田印荣,刘明清,等.城市低收入家庭儿童膳食结构及营养状况调查[J].现代预防医学,2009,36(17):3286—3287.
[3] 刘文,何丹,李沿颖,温国旗.幼儿多元智能的发展特点及其与气质、父母教养方式的关系[J].学前教育研究,2012,(06):46—52.
[4] 陈鹤琴.家庭教育[M].上海:华东师范大学出版社,2005.

的互动潜移默化地向个体传递着社会规范,有助于儿童了解社会的规则。

2. 促进社会的发展

家庭教育的根本任务是立德树人,培育社会未来发展的接班人。儿童从"自然人"成长为"社会人",其发展最终会构成社会发展的一部分。家庭教育若达到了儿童发展的目标,家庭生活幸福美满,则有利于社会的发展。若家庭教育未能达到儿童发展的目标,甚至偏离了正常社会化的轨道,则会影响家庭的幸福生活,阻碍社会的发展。

二、蒙台梭利教学法在家庭教育中的实施

《幼儿园保育教育质量评估指南》"家园共育"版块内容中指出:"幼儿园与家庭、社区密切合作,积极构建协同育人机制,充分利用自然、社会和文化资源,共同创设良好的育人环境。"蒙台梭利教学法中的理论与实践能为家园社协同育人机制的实现提供理论借鉴与启示。

(一) 蒙台梭利关于家庭教育的定义

蒙台梭利吸纳了皮亚杰、福禄贝尔、裴斯泰洛齐等教育家的教育观,结合其自身的实践、记录和研究,形成了独具特色的蒙台梭利教育观和儿童观。蒙台梭利的家庭教育是指父母或其他年长者以蒙台梭利的教育理念和方法为指导对年幼子女进行教育,在家庭中,家长在尊重儿童的自然发展规律和内在需求的基础上,为儿童创设适宜的学习与发展环境,有意识地培养儿童的独立自主、自律专注等良好的学习品质,促进儿童全方位的发展。

(二) 蒙台梭利教学法在家庭教育中的实施要点

1. 承担支持者与引导者角色

在蒙台梭利家庭教育中,家长的角色非常重要。家长应主动转变角色,不断学习与成长,主动承担起教育儿童的责任。蒙台梭利认为家长应成为儿童学习的观察者、引导者和支持者。家长应主动观察儿童的行为和发展需求,并根据儿童的情况给予针对性的帮助,积极参与儿童的教育活动,与儿童建立良好的沟通和互动关系,与儿童共同成长和发展。

2. 提供适宜的家庭环境

蒙台梭利相信环境在儿童成长中的巨大作用,家庭应为儿童创造一个"有准备的环境"。在家庭教育中,为幼儿提供良好的心理与物质环境是至关重要的。心理环境和物质环境相辅相成,良好的心理环境能够促进幼儿的情感发展,而丰富的物质环境则能为幼儿的成长提供必要的物质支持。

为营造良好的家庭心理环境,首先,在日常生活中,家长应着力建设民主平等的亲子关系。其次,家长应多与幼儿进行情感交流,了解他们的内心世界。再次,家庭成员之间应保持相互尊重、彼此关照的关系,避免在幼儿面前争吵或表现出过激的情绪。另一方面,家庭物质环境主要是指家庭中的物质资本,与家庭的经济收入和社会经济地位相关,可具象化为优质的居住环境、丰富的玩具和藏书等方面。有研究表明家庭所在地越接近城市的儿童,越可能获得较好的成长等级。[1]

3. 遵循基本的蒙台梭利教育原则

(1) 尊重与信任。

蒙台梭利认为家长应该把儿童视为有尊严、有独立人格和自主权利的个体,相信儿童自身的内在潜力和自我成长的能力,尊重儿童的个性、兴趣、选择和节奏,不强迫、不干涉他们自然的发展过程。

---

[1] 吴重涵,张俊,王梅雾.家长参与的力量——家庭资本、家园校合作与儿童成长[J].教育学术月刊,2014,(03):15—27.

(2) 自由与纪律并重。

蒙台梭利家庭教育提倡家长应该给予儿童一定的自由空间,让他们能够自主探索和学习。同时,家长也应在家中设置明确、合理的规则和纪律,使儿童在自由中懂得自律,帮助儿童学会自我约束。自由并非绝对的无视纪律和规则,自由应是在一定的纪律和规则范围内的自由。

(3) 环境创设。

蒙台梭利提出"有准备的环境"观点,认为家长应为儿童精心打造一个安全、有序、独立、美观且富有教育意义的家庭环境,提供适合儿童年龄和发展阶段的学习材料和玩具,使儿童在多元化的环境中自由探索、学习。首先,家庭中物品摆放位置应符合儿童的身高和使用习惯、便于儿童方便取放。家长应准备一些符合儿童操作的工作用具,让儿童通过自己的劳动活动学习照顾自己,照顾环境。其次,家长要为儿童准备一个能够利用综合感官去学习的自然、真实的环境,儿童能在其中自主探索学习,获得感性经验,为未来学习作准备。

(4) 敏感期引导。

蒙台梭利认为儿童心理发展存在着敏感期,家长应了解儿童在成长过程中不同发展阶段的敏感期,如秩序敏感期、细节敏感期、语言敏感期、动作敏感期、感官敏感期等,家长应在不同的敏感期为儿童提供相应的刺激和适宜的学习环境,提升教育的效果,促进儿童相应能力的快速发展。

(5) 观察与支持。

家长应耐心地以观察者的身份去观察儿童的行为、活动、兴趣爱好以及儿童的发展需求等,而不是强制性地灌输知识和技能。家长应通过观察了解儿童的发展阶段和生活、学习情况,以便及时调整自己的教育方式,耐心地引导儿童,给予儿童恰当的支持、鼓励,帮助儿童更好地实现自我成长。

(6) 言传身教。

家长永远都是儿童最好的学习榜样,儿童时刻都在观察、注视模仿家长中学习成长。因此,家长要以身作则,用自己的行为、态度和价值观去影响和教育儿童,让儿童在潜移默化中受到教育。

4. 教授儿童丰富的教育内容

(1) 日常生活教育。

蒙台梭利强调家长在家庭中对儿童进行日常生活训练,包括基本的生活技能、自我照顾能力、社交礼仪等。例如,家长在家中教导儿童自己学会穿衣、系鞋带、刷牙、洗脸和整理自己的物品等。另外,家长要有意识培养儿童的劳动技能,例如,摆放餐具、洗菜、扫地、擦桌子、给植物浇水等简单的家务活动,培养儿童的动手能力以及对家庭的责任意识。

(2) 感官教育。

蒙台梭利认为感官教育是儿童发展感知觉、空间认知和语言能力的关键。她提倡引导儿童通过各种感官去观察、比较和操作,从而发展他们的感官能力。例如:家长在家中可以引导儿童倾听厨房物品、家具、音乐、动物以及大自然的声音等,还可以带领儿童一起玩听声辨人、听声音猜物品的游戏来培养儿童的听觉能力。另外,家长可以带领儿童通过感官去认识周围的物品,例如,用手去触摸家里不同的物品,感受其质地、温度、重量,感受不同物品的光滑粗糙、坚硬柔软等,让儿童感受不同食物的气味,品尝酸甜苦辣咸的味道等。

(3) 语言教育。

蒙台梭利强调家长要为儿童创造丰富的语言环境,激发儿童的语言潜能。儿童从出生时起就已经开始学习语言,家长要多引导儿童发音,经常与儿童说话,向儿童描述日常生活中的事物,积极回应儿童的言语。另外,家长应做到坚持与儿童进行亲子阅读,练儿歌,唱童谣,给儿童讲述丰富多彩的故事,引导儿童观察并描述画面,鼓励儿童表达自己的想法和疑问。家长还可借用日常活动,向儿童介绍生活中的基本词汇,包括礼貌用语、不同生活场景下的语言用词等。对于稍大的儿童,家长应准备书写工具,鼓励儿童自由涂鸦、绘画,锻炼儿童的手臂力量,为以后书写文字作准备。

(4) 数学教育。

在家庭中家长应多利用日常生活引导儿童学习数学,例如,让儿童摆餐具、分水果感知数量一一对应;带领儿童去超市购物,引导儿童认识价格和数量;引导儿童将家里的物品按照大小、高矮、形状、颜色等进行分类;与儿童一起玩数字拼图、扑克牌、棋类游戏等提高儿童学习数学的兴趣;带领儿童一起参与家庭的生活开支费用(水电费、生活费等)的计算,教会儿童学会用数学解决生活中的数学问题。

(5) 科学文化教育。

家长在家里应注重通过丰富多彩的体验和活动,激发儿童对世界的好奇心和探索欲。例如,家长可以在家中摆放地球仪和地图,给儿童介绍不同国家的地形、陆地和海洋等知识;引导儿童认识自己的身体部位,提高自我保护意识。除此之外,家长还可以在家里带儿童开展一些如摩擦起电、颜色变化、溶解和虹吸现象等简单的科学小实验,引导儿童主动探索事物,培养儿童的科学探索精神。在文化拓展方面,家长可带领儿童一起阅读文学作品,感受不同国家的风俗文化、人类历史的发展,提升儿童的文化素养。

5. 采取合理有效的教育方法

(1) 打造真实世界。

在蒙台梭利教育中,给儿童一个真实的世界至关重要。这不仅是感官教育的需要,更是大脑发育的必需。家庭劳动、自然探索等活动,让儿童亲身体验生活的多样性和丰富性。日常生活训练,例如参与做饭、洗碗等家务活动,培养儿童的生活技能,让儿童感受到生活的温度。带儿童走进大自然,感受四季更替、花草树木,则是最好的自然启蒙教育。

(2) 关注敏感期。

儿童在不同领域的发展都有其独特的敏感期,家长应积极关注儿童敏感期,例如在语言敏感期多与儿童进行交流、开展亲子阅读;在动作敏感期多带领儿童进行户外运动和参与家里的劳动活动等。识别和关注儿童的敏感期,家长能够更好地支持和理解儿童的成长。

(3) 鼓励自主探索。

家长不应过多包办代替,要相信儿童的自我发展,在家里给予儿童足够的自由时间和空间,让儿童自主选择感兴趣的活动和教具进行游戏,让儿童在探索中学习和成长。

一、技能实训

项目:请结合蒙台梭利家庭教育的基本理论,为3岁的儿童设计一个完整的与其生活经验相关的家庭教育活动。

要求:

1. 以小组为单位,每组选择一项家庭教育内容,设计一节家庭教育活动,写出教案,由学生扮演家长轮流进行实践练习。

2. 以小组为单位,根据设计的教学方案,小组成员一人扮演家长,其余充当儿童,组织一节家庭教育活动,并录制视频。

二、思考练习

1. 请简述家庭教育的特点。
2. 请阐述蒙台梭利教学法在家庭教育中实施的内容。

模块八　蒙台梭利教育的本土化与未来展望

模块导读

蒙台梭利教育思想对我国的教育发展产生了重要影响,也掀起过蒙台梭利教学法研究热潮,但是在实施过程中也出现了一些问题,盲目照搬的方式并不可取。因此,对蒙台梭利教育的本土化应进行更深入的探讨和研究,因地制宜地运用蒙台梭利教学法更有利于促进我国儿童的发展和学前教育水平的提高。

该模块的内容包括中国台湾蒙台梭利的发展历程,中国大陆蒙台梭利教育的传播背景、发展历程以及蒙台梭利教育的现状及发展。该模块要求学习者了解中国蒙台梭利教育的背景及发展历程,探索蒙台梭利教学法在当地的落地实施。

学习目标

1. 认知目标:了解蒙台梭利本土化的发展历程。
2. 技能目标:改进蒙台梭利本土化实践。
3. 情感态度、价值观目标:萌发对蒙台梭利教育的兴趣。

思政寄语

习近平总书记强调,推进教育现代化,要坚持对外开放不动摇,加强同世界各国的互容、互鉴、互通。学习蒙台梭利教育相关的理论知识,从蒙台梭利教育在实践中的应用入手是推进教育现代化的举措之一。

同时,总书记也明确提出,教育必须深深扎根于中国大地,坚持走中国特色社会主义教育发展道路,既要立足中国国情,又要融合国际先进理念,既要紧跟时代步伐,又要面向未来发展,致力于构建具有中国特色、达到世界水平的现代教育体系。因此,在引进蒙台梭利教育时,我们不能简单地照搬照抄,而应结合我国实际情况,灵活而恰当地吸收其教育精髓,在中国幼儿园中加以实践,以提升办园质量和教育成效。

任务一　了解蒙台梭利教学法的本土化传播

案例分析

某市一所知名幼儿园,在引入蒙台梭利教学法后,面临着如何将其与本土教育环境相融合的问题。该幼儿园深知,直接照搬蒙台梭利教育的原有模式,可能无法完全适应本地儿童的需求和特点。因此,幼儿园决定进行蒙台梭利教育的本土化实践,以期在保留蒙台梭利教育精髓的同时,融入更多本土元素,提升教育质量。因此,幼儿园组织教师团队,结合本地文化和儿童特点,设计了一系列本土化教具。例如,在数学教具中融入了本地特有的动植物形象,使儿童在操作教具的同时,也能感受到本土文化的魅力。

思考:该幼儿园的举动说明了什么?

任务要求

1. 了解中国台湾蒙台梭利教育的发展。
2. 了解中国大陆蒙台梭利教育的发展。

一、中国台湾蒙台梭利教育的发展阶段与特点

蒙台梭利教育思想在中国台湾的发展历程大致经历三个阶段,分别为:早期萌芽阶段、试验阶段以及成熟阶段。

(一) 早期萌芽阶段

20世纪50年代,中国台湾一些教育家和学者开始接触和了解蒙台梭利教育理念,并在台湾推广和应用,早期主要以一些教育机构和学校的实践探索为主,同时也伴随着一些学术研究和探讨,这些早期的探索和实践为蒙台梭利教育在台湾地区的发展奠定了基础。

(二) 试验阶段

1980年,中国台湾成立了四所"儿童之家",开展蒙台梭利教育实践研究。1984年台湾地区第一所蒙台梭利幼儿园于台北成立,蒙台梭利新颖独特的教学法在台湾地区的学前教育界引起一股维持约十年的热潮,也就此开启蒙台梭利教育在中国台湾的发展。

(三) 成熟阶段

中国台湾蒙台梭利教育的成熟阶段,主要表现在其教育理念、教学方法和教育体系的深化和完善。在此阶段,蒙台梭利教育不仅仅有教育方式的变革,更有教育观念的更新。中国台湾的教育工作者们深刻理解和接纳了蒙台梭利的教育理念,即尊重儿童的个性,注重儿童的独立性和自主性,提倡自我教

育和自我发展。

在教学方法上,中国台湾蒙台梭利教育也实现了从引进到本地化的转变。他们尝试将蒙台梭利教学法与主题教学、区角教学模式相结合,以更好地适应儿童的发展需求。在环境创设方面,教育机构开始精心设计和布置幼儿园的各个角落,使其成为儿童自我探索和学习的空间。

中国台湾蒙台梭利教育体系的完善,还体现在其与本地文化的融合上。教育工作者们将蒙台梭利教育理念与台湾地区的文化传统相结合,形成了一种既符合现代教育理念,又具有台湾本地特色的教育模式。这种模式既尊重儿童的个性,又注重培养儿童的集体意识和社会责任感,为儿童的全面发展提供了有力的支持。

二、中国蒙台梭利教育的传播历程

(一)蒙台梭利教育思想在中国传播的背景

第一,社会变革的影响。1840年鸦片战争后,中国开始沦为半殖民地半封建社会,1900年八国联军的入侵,使中华民族处于更加危险的境地。中国的知识分子开始普遍觉醒,意识到封建主义已经无法解决当时中国所面临的问题。有识之士开始全面学习和吸收西方的科学技术、政治、经济学说,并提出设立新式学堂,通过学习西学来达到救亡图存的目的,教育方面,他们提出学习西方的先进教育理论来为当时的教育改革提供理论指导。蒙台梭利教育思想也正是在这种社会背景下得到了人们的关注,人们开始着力于对其思想的介绍和翻译工作。

第二,国外蒙台梭利运动的推动。1898年,蒙台梭利在意大利都灵的教育会议上发表了有关低能儿教育的公开演讲,引起了众多学者和意大利当局的关注。1907年蒙台梭利在罗马贫民区成立了第一所"儿童之家",开始了她的教育实践和研究,教育实践的成功以及独特的教育思想使她很快受到国内外教育界的重视。一些先进的国家已经认可并采用蒙台梭利的教学方法,并将其应用于实践中,世界各地很快就形成了蒙台梭利教育运动。该运动的兴起推动了我国对蒙台梭利教育思想的引进。

(二)蒙台梭利教育思想在中国的传播历程

蒙台梭利教育思想在中国的传播大致经历了以下几个时期:

1. 蒙台梭利教育思想中国化早期探索时期

1913年,《教师杂志》刊登署名为志厚的《蒙台梭利女史之最新教育法》,是学术界公认的我国最早介绍蒙台梭利教育思想的文章,文章全文四千多字,详细阐述了蒙台梭利教育活动、教具及课业安排情况。

随着对蒙台梭利教育思想的深入研究,我国教育界人士开始思考蒙台梭利教育是否与我国的国情相符合。1927年,张雪门发表《蒙台梭利制度和现时的中国》一文,他认为,蒙台梭利教育在中国的尝试之所以失败,是因为盲目模仿,不适合当时的国情和民性。他主张与中国的实际情况相结合,进行中国化的探索。

2. 蒙台梭利教育思想中国化停滞时期

1929年、1932年和1943颁布了有关学前教育的法规:《幼稚园规程》《幼稚园课程标准》《幼稚园设置办法》。但是,在战争动乱的年代,人们生存困难,教育的环境更是难以得到安全的保障,因此,此时颁布的教育法规也难以落实。并且受战乱影响,当时幼儿园的数量也在减少,蒙台梭利教育理念在中国的传播也面临着严峻的考验。

中华人民共和国成立后,政府提出了"全面学习苏联"的口号,这一时期批判蒙台梭利教育思想的文章增多,蒙台梭利思想遭到否定,因此其在中国的传播也陷入沉寂。1978年中共十一届三中全会召开之后,中国的教育事业开始得到恢复及发展,学前教育也逐步走上正轨。20世纪80年代,随着改革开放的发展,我国的教育学者开始注意到蒙台梭利教育在其他国家取得的成就,蒙台梭利教育思想再次进入国人的视线,但此时的研究仅局限于理论层面的探讨,并未开展中国化的实践活动。

3. 蒙台梭利教育思想中国化深化和拓展时期

1990年至1993年,人民教育出版社翻译出版了蒙台梭利的四本专著,即《吸收性心智》《蒙台梭利教育法》《童年的秘密》《教育中的自发活动》。蒙台梭利专著的翻译出版,极大地便利了对蒙台梭利教育的深入研究。

到了21世纪,关于蒙台梭利教育思想的书籍越来越多,学者们对蒙台梭利的研究也逐渐从理论层面转向实践层面。1994年,在中国台湾蒙台梭利启蒙研究基金会的帮助下,北京师范大学的教授们选取了北京师范大学实验园和北京市北海幼儿园作为蒙台梭利的实验班,开展了蒙台梭利教育思想的实践研究。两个实验班的成功带动了更多的幼儿园参与到实验中,蒙台梭利教育思想开始走进人们的视野。

(三) 蒙台梭利教育思想对中国学前教育产生的影响

蒙台梭利教育思想在全世界都产生了广泛影响,在中国也不例外,主要体现在以下两个方面。

1. 蒙台梭利教育思想为我国学前教育提供了新的理论视角

蒙台梭利教育思想强调儿童具有内在的发展潜力,具有自主性和独立性,尊重儿童的个体差异,提倡个性化教育。这促使我国的学前教育开始更加关注儿童的主体地位,儿童观发生了转变,推动教育理念从传统的以教师为中心向以儿童为中心转变。也更加关注儿童的个体差异,尊重儿童的成长节奏,注重培养儿童的主动性和创造性。

2. 蒙台梭利教育思想丰富了我国学前教育理论体系

蒙台梭利的教育理论涵盖了儿童心理发展、教育环境创设、教育材料选择等多个方面,为我国的学前教育提供了丰富的理论资源和参考依据。这些理论不仅帮助我们更深入地理解儿童的成长规律,还指导我们更好地设计和实施教育活动。

任务二　了解中国蒙台梭利教育的现状及发展

案例分析

北京师范大学实验幼儿园和北海幼儿园早在1994年就成了蒙台梭利教育的实验基地,通过多年的实践与研究,积累了丰富的经验。这些幼儿园不仅在环境布置、教具开发上遵循蒙台梭利的原则,还注重教师培训和课程体系的完善,为孩子们提供了一个自由、有序、充满爱的学习环境。

思考: 案例中的幼儿园体现了蒙台梭利什么样的发展趋势?

任务要求

1. 了解中国蒙台梭利教育的现状。

2. 了解中国蒙台梭利教育的发展。

一、中国蒙台梭利教育的现状

蒙台梭利教学法起源于西方国家，其理念和方法在全球范围内产生了广泛影响，我国受其影响，也对其进行了引进和研究，但在引入蒙台梭利教学法时往往容易忽视蒙台梭利教学法本身的局限，出现盲目硬搬形式化内容的现象。出现的问题主要表现在以下几个方面：

（一）对蒙台梭利教育理念领会不深刻

蒙台梭利认为，教师不仅是环境的提供者，更是观察者和示范者，作为一名蒙台梭利教师应该要深刻领会蒙台梭利教育的理念，并将理念与实践融合。但受传统教育模式的影响，教师仍然没有完全摆脱"教师中心主义"的传统教育模式，所学的理论在实际过程中往往不对应。

（二）盲目硬搬形式化内容

当前许多幼儿园开展蒙台梭利教育时，仅仅只局限于对蒙台梭利教具的机械操作，缺乏对儿童的个性和需求的关注，机械性地模仿操作教具会降低儿童的学习兴趣。

（三）追求经济利益最大化

一些幼儿园受功利主义的影响，会把使用蒙台梭利教具作为卖点，向家长推荐。这一教育在我国也逐渐演变为高收费的教育，与蒙台梭利最初面向贫困家庭儿童教育的理念思想背道而驰。

（四）缺乏系统化师资培训

一些蒙台梭利幼儿园出于经济成本的考虑，并未对教师进行系统化的蒙台梭利教育培训，导致教师对蒙台梭利教育理念的认识不足，无法将教育理念运用到具体的教育活动当中，致使教育活动效果差。

（五）缺乏与中国传统文化的结合

由于中国与世界其他国家在社会背景、经济、文化等方面存在差异，蒙台梭利教育在开展过程中应探索如何与本国教育实际情况相结合，更好地促进儿童发展。

二、中国蒙台梭利教育的发展

蒙台梭利教学法在中国本土化的过程中，需要考虑到中国的文化背景、教育政策、社会需求和家长期望等多个方面，加快蒙台梭利教育本土化的进程。具体做法如下：

（一）深入了解中国文化与教育环境

蒙台梭利教学法与中国传统的教育观念在某些方面可能存在差异。因此，在本土化的过程中，需要深入研究中国文化的特点，理解中国教育环境的独特性，寻找蒙台梭利教学法与中国文化的契合点，以便更好地将其融入中国的教育体系。例如，在蒙台梭利书写预备训练环节选用汉字进行装饰和拓印，培养儿童对中国文字符号的识别和理解能力；在蒙台梭利阅读能力训练环节，开展中国优秀古诗阅读活动，培养儿童对古诗的兴趣。

(二)加强教师培训与专业化发展

蒙台梭利教学法对教师的要求较高,需要他们具备专业的教育知识和技能,因此,要加强对蒙台梭利幼儿园及机构教师的培训,提高其专业素养及实践能力。同时,鼓励教师进行持续的专业化学习,不断更新教育理念和教学方法,以适应本土化的需要。

(三)结合中国国情,灵活应用蒙台梭利教学法

在本土化的过程中,不必完全照搬蒙台梭利教学法的原有模式,而应根据中国的国情和实际需求进行灵活调整。例如,可以结合中国的课程设置、教学资源和教育目标,对蒙台梭利教学法的教学内容、教学方法和评价方式进行适当的改进和创新。注重本土教育资源的开发和利用,可以充分利用中国的本土教育资源,如传统文化、自然景观、社区资源等,将其融入蒙台梭利教学法中,为儿童提供更加丰富多彩的学习体验。

(四)加强与家长的沟通与合作

家长是教育的重要参与者,他们的理解和支持对于蒙台梭利教学法的本土化至关重要。因此,教育机构应该加强与家长的沟通与合作,向他们介绍蒙台梭利教学法的理念和实践方法,解答他们的疑虑和困惑,争取他们的理解和支持。

(五)建立本土化的评价体系

评价体系是衡量教育效果的重要手段。在探索蒙台梭利教学法本土化时,应建立符合中国国情和教育目标的评价体系,全面、客观地评估教育效果,为改进和优化并最终实现本土化提供依据。

思考练习

1. 请谈一谈蒙台梭利教育本土化中遇到的问题和误区,以及解决的方法。
2. 请思考蒙台梭利教育如何与中国传统文化更好融合。
3. 根据本章内容知识点,结合我国蒙台梭利的本土化的发展历程,请自拟题目,写一篇文章。

参考文献

[1] [意]玛利亚·蒙台梭利.童年的秘密[M].艾安妮,译.北京:中国华侨出版社,2015.
[2] [意]玛丽亚·蒙台梭利.蒙台梭利家庭教育全书[M].林凯,编译.北京:中国商业出版社,2013.
[3] [意]玛利亚·蒙台梭利.蒙台梭利的教育[M].文娟,译.长春:吉林文史出版社,2017.
[4] 吴天武,刘会芳,陆春明.学前教育概论[M].长沙:湖南师范大学出版社,2019.
[5] 李芳霞.蒙台梭利教育理论与实践[M].北京:九州出版社,2018.
[6] [意]玛利亚·蒙台梭利.童年的秘密[M].马荣根,译.北京:人民教育出版社,1990.
[7] 朱莉萍,王梅金,张盛威.蒙台梭利教学法[M].长沙:湖南师范大学出版社,2022.
[8] 刘迎杰.蒙台梭利教学法[M].2版.北京:高等教育出版社,2019.
[9] [意]玛利亚·蒙台梭利.教育中的自发活动[M].江雪,编译.天津:天津人民出版社,2003.
[10] 马蕴青,杨卫娜,韩君亚.蒙台梭利教学法[M].北京:航空工业出版社,2020.
[11] [意]玛丽亚·蒙台梭利.蒙台梭利文集:发现儿童[M].第1卷.田时纲,译.北京:人民出版社,2014.
[12] 中华人民共和国教育部.3~6岁儿童学习与发展指南[M].北京:首都师范大学出版社,2012.
[13] 教育部基础教育司.幼儿园教育指导纲要(试行)解读[M].南京:江苏教育出版社,2002.
[14] 段云波,卢书全.蒙台梭利语言教育[M].长春:北方妇女儿童出版社,2009.
[15] 段云波,林丽.蒙台梭利科学文化教育[M].济南:山东教育出版社,2008.
[16] [意]玛利亚·蒙台梭利.童年的秘密[M].单中惠,译.北京:京华出版社,2002.
[17] [意]玛利亚·蒙台梭利.蒙台梭利幼儿教育科学方法[M].任代文,主译校.北京:人民教育出版社,2001.
[18] 卢乐山.蒙台梭利的幼儿教育[M].北京:北京师范大学出版社,1985.
[19] 顾明远.教育大辞典[M].上海:上海教育出版社,1990.
[20] 赵忠心.家庭教育学[M].北京:人民教育出版社,1994.
[21] 陈鹤琴.家庭教育[M].上海:华东师范大学出版社,2005.
[22] 王俊恒,朱露露.蒙氏教育在中国[M].芜湖:安徽师范大学出版社,2013.
[23] 何晓夏.简明中国学前教育史[M].北京:北京师范大学出版社,2015.
[24] 罗炳之.外国教育史(下册)[M].南京:江苏人民出版社,1981.
[25] 陈如平,安雪慧,张琨.构建优质均等的基本公共特殊教育服务体系[J].中国特殊教育,2022(05):3-10.
[26] 刘永萍.特殊教育专业复合应用型人才培养模式的探索与实践——以豫章师范学院特殊教育专业"4+X+1"模式为例[J].现代特殊教育,2019(16):14-18.
[27] 郑瑞霞,吴岩,常小莉.浅谈蒙台梭利的学前特殊教育观——"教育治疗"[J].丝绸之路,2012(6):115-116.

[28] 方丽琨.蒙台梭利"教育治疗"理念在视障儿童学前特殊教育中应用的案例分析[J].教育观察,2021,10(28):111-113.

[29] 张新生.略谈中国古代胎教学说[J].陕西师范大学学报(哲学社会科学版),1982(04):109-115.

[30] 苏冬辉.胎教对新生儿神经行为的影响[J].中国妇幼保健,2010,25(21):2985-2986.

[31] 刘文,何丹,李沿颖,温国旗.幼儿多元智能的发展特点及其与气质、父母教养方式的关系[J].学前教育研究,2012,(06):46-52.

[32] 田正平.蒙台梭利教育思想在近代中国——纪念蒙台梭利"儿童之家"创办一百周年[J].河北师范大学学报(教育科学版),2007(04):52-55.

[33] 陈萍.蒙台梭利教育思想在中国的引进研究[J].忻州师范学院学报,2011,27(06):95-96.

[34] 时松.蒙台梭利教育法引入我国初期的特点分析[J].白城师范学院学报,2012,26(02):79-82.

[35] 吴洪成,张媛媛.蒙台梭利教学法在中国:导入、实践及反思(上)[J].沈阳师范大学学报(社会科学版),2015,39(2):1-4.

[36] 陈萍.蒙台梭利教育思想在中国引进的第二次高峰[J].赤峰学院学报(科学教育版),2011,3(12):156-157.

[37] 雨佳."中国蒙台梭利教师培训计划"启动仪式及"蒙台梭利教育在中国"研讨会[J].比较教育研究,1998,(04):56.

[38] 梁艳.民国前期蒙台梭利教育法对我国幼儿教育的影响[J].阜阳师范学院学报(社会科学版),2011(05):140-142.

[39] 闫瑞霞,田印荣,刘明清,等.城市低收入家庭儿童膳食结构及营养状况调查[J].现代预防医学,2009,36(17):3286—3287.

[40] 吴重涵,张俊,王梅雾.家长参与的力量——家庭资本、家园校合作与儿童成长[J].教育学术月刊,2014(03):15—27.

[41] 韩麦娇.基于感觉统合训练原理的智力障碍儿童玩教具设计研究[D].山东工艺美术学院,2023.

[42] 杨静.蒙台梭利教育法在家庭教育中的运用研究[D].河北师范大学,2016.

[43] 陈萍.蒙台梭利学前教育思想在中国的引进及其影响[D].山西大学,2008.

[44] 曾洁女.蒙台梭利教育法的传播及本土化初探[D].华东师范大学,2001.

[45] 刘颖.蒙氏教学法的运用对促进幼儿教师专业发展的研究——以成都爱乐外国语实验幼稚园为例[D].四川师范大学,2010.

[46] 国务院.中华人民共和国残疾人教育条例.中华人民共和国国务院令第674号[EB/OL].(2020-01-13).

[47] 国务院办公厅."十四五"特殊教育发展提升行动计划[EB/OL].(2022-01-25)

[48] 全国人民代表大会常务委员会第三十一次会议.中华人民共和国家庭教育促进法[EB/OL].(2021-10-23).

图书在版编目(CIP)数据

蒙台梭利教学法/杨澄耐,陈丽梅主编. -- 上海:复旦大学出版社,2025.1. -- ISBN 978-7-309-17747-3

Ⅰ. G612

中国国家版本馆 CIP 数据核字第 2024K9V293 号

蒙台梭利教学法
杨澄耐　陈丽梅　主编
责任编辑/颜萍萍

复旦大学出版社有限公司出版发行
上海市国权路 579 号　邮编:200433
网址:fupnet@fudanpress.com　http://www.fudanpress.com
门市零售:86-21-65102580　　团体订购:86-21-65104505
出版部电话:86-21-65642845
浙江临安曙光印务有限公司

开本 890 毫米×1240 毫米　1/16　印张 10.25　字数 296 千字
2025 年 1 月第 1 版第 1 次印刷

ISBN 978-7-309-17747-3/G·2650
定价:45.00 元

如有印装质量问题,请向复旦大学出版社有限公司出版部调换。
版权所有　　侵权必究